家有小學生 之
親子溝通手冊

資深小學教師教父母聰明回話，

避免親子衝突，成為孩子的溫暖靠山

小學教育專家　金善浩 김선호——著

簡郁璇——譯

초등 엄마 말의 힘

小學生難溝通？
難道孩子的青春期提早到？

在孩子的成長階段中，我一直以為小學階段最好溝通。

小學生保有幼童的純真與稚嫩，對父母常是無比崇拜或配合，語言或理解能力也到了可以與他人一問一答的對話階段，回到家總是滔滔不絕地分享著生活瑣事。再者，小學生還沒進入青春期，少有出現冷漠或對立的言語及表情。再怎麼說，都很惹人喜愛呀！

然而，怎麼會有一本書，標榜要教父母如何與家中的小學生溝通互動呢？翻閱《家有小學生之親子溝通手冊》之後，我才豁然開朗。那些在青春期時才會出現的暴躁情緒、對立反抗、冷漠無言或拒絕溝通，早在小學階段就已經一一顯露，只是頻率不高，或者力道不強；再加上這個時期，孩

子對父母的情感依賴程度高，讓父母誤以為小學生不難溝通。

最近，我確實也遇到不少小學中高年級孩子的家長找我求助。他們覺得，孩子突然間轉變好大，說話尖酸刻薄、一言九「頂」，過去那個天使般的可愛孩子，到底到哪兒去了？

他們問：「會不會是⋯⋯青春期提早報到？」

很有可能！我們發現，現代小孩的青春期有提早的趨勢。但更重要的是，在孩子尚未進入青春期前，早就存在溝通不良的狀況，只是大人沒有發現而已。

情感關係就像存款，早期沒有充分儲備，當孩子越長越大，很可能就在一次又一次的對立衝突中，揮霍殆盡，甚至負債累累。

還好《家有小學生之親子溝通手冊》這本書，告訴你許多與孩子對話的技巧，但，這還不是真正的重點。關鍵就在全書開頭，作者引領你，審視內心的「欲望」，也就是覺察話語之間沒有說出來的訊息。

許多父母問我：「該如何引導孩子說出內心話？」

我會反問：「為什麼想聽到孩子的內心話？」

他們通常會回答：「這樣我就會知道他在想什麼了！」、「這樣我就知道怎麼幫助他了！」、「這樣我就比

較放心！」

我又問：「若孩子真的說出內心話，你承受得了嗎？或者，孩子其實早就說出內心話了，你有牢牢接住它嗎？」

很多時候，孩子早就透露內心話已久，但沒有被正視；或者父母自己受不了、不想聽，透過否定孩子來阻止孩子繼續表達。久了，孩子也就不想說。所以有可能，孩子現在的內心話是：「拜託，別來煩我！」也說不定。

如果，你懂得在與孩子開啟對話前，先冷靜下來，與自己對話；也就是「審視內心的欲望」，準備好自己，才有可能改善溝通品質。

這本書，與其說是教你如何與小學生溝通，不如說是引導你學習與自己內心深處的那個小學生對話。

曾任中學輔導教師、輔導主任，現為臺灣NLP學會副理事長。
著有《受傷的孩子和壞掉的大人》、《擁抱刺蝟孩子》、《正向聚焦》、
《你怎麼沒愛上你自己》等多本暢銷好書。

陳志恆（諮商心理師、暢銷作家）

手機的 Siri 比媽媽更擅長對話

你知道嗎？手機軟體 Siri 比媽媽更擅長對話，因為它比我們更懂得等待與聆聽。不管孩子問Siri什麼，它都會很努力想辦法回答。當它真的聽不懂，也會很直接告訴孩子：「我不太清楚。」它不但會解決孩子的困擾，還會講笑話；更厲害的是，當孩子心情不好時，它還會安慰他、鼓勵他！

反觀今天孩子興高采烈地對我們發問，我們可能因為正在煮菜、工作、忙其它事，常常急著打發孩子，叫他們「去找爸爸」、「去問老師」，很容易表現出不耐煩的樣子。

《家有小學生之親子溝通手冊》書上說：「想和孩子成為朋友，就要學學人工智慧的語氣，他們隨時都準備好要聆聽，這點至關重要。」這本書的作者是一名資深的小學老

師，他整理並集結小學低年級到高年級，家長遇到的各種難題。

與孩子對話時，如果孩子支支吾吾，我們就會口氣急躁地追問他們；孩子怕被罵，反而不敢說出真心話。還有……與孩子對話時，當孩子說出「算了」時，大部分的爸爸媽媽應該聽了都會覺得很生氣吧？事實上，當孩子說「算了」時，我們就必須懂得停下來，因為這是一個委婉又強烈的警告，如果再追問下去，就會產生巨大的衝突。

我和大部分的家長一樣，孩子上小學之後，常常覺得他們變得「不可愛了！」除了很愛找藉口、還很愛頂嘴，常常把我氣到七竅生煙……。

事實上，是因為我們不理解：孩子從幼兒園開始，他們的思考邏輯從直覺性思考轉變成具體性思考。等到孩子上了小學，特別是到了四、五年級之後，會變成進行抽象性思考的階段。他們開始有更多自己的想法，需要有自己的空間，不再是以前那個只要用抱抱、親親就能滿足需求的孩子。

也許你和我一樣，對於孩子的改變，時常會感到失落。可是換個角度想：那代表「孩子長大了！」我們應該為了孩子的成長感到欣慰，並瞭解：「這是一段必經的過程。」我們應該思考：如何順應孩子的成長，在溝通與應對的方式做出不同的轉換，成為孩子成長蛻變的過程中，一個令他們安

心、信任的避風港，而不是成為一個和孩子沒有話講的爸爸媽媽。

我期許自己成為讓孩子安心、信任的媽媽，這本書教了許多實用的技巧，當孩子不耐煩、說謊、自卑時的對話方法，以及家長面臨各種情況該如何應對，更重要的是：教我們如何對話，才不會在無形之中對孩子情緒勒索，變成情感操控者。

看這本書時，我也在尋找自己童年的影子，理解孩子的過程，同時也療癒我的內在小孩。

親子KOL＆豆豆媽咪

吳霈蓁

不能將孩子囚禁在話語的框架中

　　媽媽的話本身就具有權力，而不是在社會上具有身分地位的人才能行使話語的權力。就像為了溝通，爸爸和媽媽每天在家中說的話就蘊含了許多權力。無心說出的一句話，或許能安撫孩子的心，鼓舞孩子，對他不知道的事情有所啟蒙，但有時也會造成意想不到的傷害。請試著想想，現在成為媽媽的自己，以及自己的媽媽在過去對自己說的話吧！那些話，對現在的自己帶來多少影響呢？

　　「你到底是像誰？老是這樣慢吞吞的！」

　　「媽媽不是說這樣做很不好嗎？」

　　「不聽媽媽的話，你就不是乖孩子。」

　　「要是沒有你就好了，真是的！」

只因孩子不聽從媽媽的意思，沒有遵循媽媽的期待，所以在氣頭上脫口說出的一句話，都會對孩子的幼小心靈造成創傷。但媽媽暗自叫屈，明明自己不曾責罵孩子、虐待孩子，而且有許多話，都是出自望子成龍、望女成鳳的心情才說出口。那麼，跟孩子說話時究竟該如何開口，又該怎麼延續對話呢？許多媽媽茫然不已。

身為父母，重要的是具備不用言語來規範或論斷的態度，不將孩子囚禁在任何框架內，而是讓空間保持開放，讓孩子自行去思考行為的對錯。

「為什麼會做出那種行為？應該是有什麼原因吧？讓我們一起想想，這個行為之中具有什麼意義吧！」

每個人都知道，言語可能成為一種暴力。如果父母控制孩子讓他們無法擺脫父母權威或地位或說出壓迫性的話語。孩子長大成人後，也會受限於高權位者或主管說的話，不敢輕易表達自己的意見。如果期望孩子能夠自由自在地長大，坦率地說出想說的話，盡情揮灑自己的人生，就必須明白媽媽說的話具有什麼影響力。

十多年來，我在諮商室的無數對談中見到許多令人沉重的個案。這些孩子被父母無心的話或強加在他們身上的意義

控制，過著痛苦不堪的人生。儘管與孩子們對話時無法只用正面話語，但我們必須思考，媽媽的說話習慣會把自己與孩子之間的關係引領至何處？儘管話說出口後就覆水難收，但至少我們可以修正掛在嘴邊的無數話語，並嘗試換個說法。

　　期盼這本書的問世，能使媽媽與孩子之間的珍貴對話寫下全新的篇章，當然，爸爸對孩子說的話也同樣重要，因此，也要領悟到爸爸說話帶來的力量。

心理面談診所「彼岸」

朴宇蘭（精神分析面談專家）

最初，
有媽媽的聲音

　　猶太人在沒有國家的狀態下漂泊了數千年歲月，直到他們的「國家」誕生的那一刻，他們前仆後繼地前來投靠。可是，這時發生了一個問題，那就是究竟該以什麼標準來判斷誰是猶太人，誰又是以色列的國民？他們為此展開了辯論，因為根據這個標準，將會決定全世界的猶太人中，誰有資格成為以色列的國民。經過深入的討論，他們訂下了這樣的規則：

「只要雙親中的媽媽是猶太人，就認可那個人是猶太人。」

為什麼他們會把「媽媽」視為猶太人身分認同的標準呢？因為猶太人很重視他們宗教的信念，他們認為母親的話語會傳達信念與精神。

讓我們從科學的角度來看吧！當寶寶在媽媽的肚子裡時，四週漆黑一片，子宮猶如一個小小的房間，保護寶寶不受外界的傷害，而寶寶與世上第一個連結就是「聲音」。從媽媽的肚子裡呱呱落地之前，寶寶一直聽著媽媽心臟跳動的聲音，並逐漸記住媽媽的聲音；在漆黑的肚子裡聽了大約兩百六十六天之後，來到了世上。寶寶出生之後，之所以會全然信賴媽媽的原因，就在於當他們在媽媽的肚子裡時，是媽媽的聲音守護了他們。

《聖經》中曾如此談論「聲音」：

「太初有道（logos）。」

道（λόγος，logos）是古希臘語，意指「話語、語言」，也就是「最初有『話語、語言』」的意思。在此，「話語」具有能讓某樣東西存在或消失的「力量」。身為一名教育者，我想把這句話改成這樣：

「最初，有媽媽的聲音。」

「媽媽的聲音」或者進一步說是「媽媽說的話」，它對孩子有超乎想像的「力量」。即便活在世上，媽媽的話能影響孩子對自我價值的肯定或崩壞。但願各位讀者在閱讀這本書時，能明白媽媽說出的話有強大的力量——它能使孩子更堅強、鞏固其存在感，幫助他們直截了當地說出自己的意見。期許這本書能使每位媽媽都正視話語的重量，同時替各位減輕肩頭上的重擔。

閴寂無聲的凌晨三時，身在書齋的

金善浩　筆

目次

|PART 1| 與小學的孩子對話——基礎篇

第1章 與就讀小學的孩子對話，先從「心理準備」開始

漫畫：《無話可說的家人》第一話

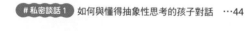

第2章 我與孩子對話，因此我成為媽媽

漫畫：《無話可說的家人》第二話

 第3章 不是只有一種對話的方法

漫畫：《無話可說的家人》第三話

|PART 2| 與小學的孩子對話──實戰篇

第4章 對話也需要技巧

漫畫：《無話可說的家人》第四話

第5章 媽媽的對話具有強大的力量

漫畫：《無話可說的家人》第五話

第6章　與有問題的孩子對話的方法

漫畫：《無話可說的家人》第六話

第7章　媽媽給予共鳴的話語，能改變孩子的心

漫畫：《無話可說的家人》第七話

| PART 1 |

與小學的孩子對話
──基礎篇

第1章

與就讀小學的孩子對話，
先從「心理準備」開始

第一話：
無話可說的家人

以前從來沒有
這種親子對話

他們幾乎不曾說過一句真話。

—— 柏拉圖，《蘇格拉底的申辯》——

演員柳承龍低著頭對著智慧型手機喃喃自語的那句臺詞，令大韓民國為之譁然。

「以前從來沒有吃過這種炸雞。」

「水原牛肋排炸雞。」真的有這種炸雞嗎？我們倒也沒有必要就這句電影中的臺詞去查核事實，不過電影《雞不可失》的這句知名臺詞，到了小學生的口中，卻衍生出五花八門的樣貌。

「以前從來沒有寫過這種作業。」
「以前從來沒有用過這種成績評量。」
「以前從來沒有吃過這種學校午餐。」
「以前從來沒有交過這種麻吉。」
「以前從來沒有吃過這種御飯糰。」

還有，說完這句話的結局總是相同的，孩子們會齊聲大喊：「老師～請我們吃炸雞，我們要水原牛肋排炸雞。」

　　要請接近三十名食慾旺盛的孩子們吃炸雞，是一件有勇無謀又愚蠢至極的事。雖然老師的荷包扁扁是個問題，但要是真的請下去，消息就會立刻傳遍學校。所有班級的學生肯定會不分你我，吵著要班導師請吃炸雞，而這種耍賴的戲碼也必然會上演「金老師都請學生吃了，老師為什麼不請我們吃？」。可是，之後我就會慘遭眾多教師同事怒目瞪視，難以在職場上生存。偶爾會出現出手很豪邁的單身男老師，也多虧了他們，所以小學的孩子們對有許多中年煩惱的教師的印象就是──「好遜」。所以，我很聰明地說了：

「以前從來沒有外食送進學校。」

最近的孩子們，可不是輕易就會撤兵的種族。

「唉唷，那上次的巧克力派是什麼！」

當然了，有備而來的老師總有準備好的答案。

「那是校長請的，校長有這種權力。」

這是我在教室時實際和孩子們有過的對話。我很好奇大家從班導師和孩子們之間的對話中看到什麼。假如你看到的是老師和孩子們互開玩笑的親暱模樣，那你就是一位心地溫暖善良的人；假如你在參雜玩笑話與真心話的過程中看見了心理欲望，那我想先頒發三級心理面談師的證書給你；假如你看到的是為了滿足欲望而採取主動進攻的心理戰略，那你就是心理面談師二級；假如你看到的是面對主動進攻時，以幽默機智游刃有餘地回應的防禦機制，你就是心理面談師一級。但是，還有一個階段。

假如你看到的是在對話中不發一語，為了能夠得到老師的允許，於是用眼神煽動孩子們的另一個孩子，那麼，你就是「精神分析師」。

教室中真正的對話，是被沒有發言的孩子們所左右。那些孩子以前所未聞的「沉默的對話」主導著氣氛。在教室中，光是靠緘默就能撼動團體潛意識的孩子們，老實說很令

我害怕。如果想要和他們交手，就必須先從檢視我的潛意識開始。我的潛意識一眼就能看出我能不能贏過那些孩子，但我的心智卻不懂這點，還靠一張嘴大聲嚷嚷。

當我去思考從過去到現在，自己在和小學的孩子對話時，都把焦點放在他們說的話及表現上頭，還有在對話中完成了什麼，就會發現自己非但被自己的潛意識欺騙，也被孩子的深層潛意識欺騙了一次。我希望你能把過去的所有對話都忘掉，因為那不是真的，真實並不在對話裡。

「真實在於對話與對話之間的弦外之音，」

親子之間來來去去的無言角力戰是真的。只要能夠理解孩子的言外之意，以前從來沒有過的親子對話就此展開，真實會探出頭來。我感到非常悲傷、羞愧得無地自容，也嘗到了深刻解放感的滋味。

美國的電影演員丹・德翰（Dane Dehann，主演《星際特工瓦雷諾：千星之城》）在接受韓國媒體的訪問中如此說道：「我是從《綠野仙蹤》中的小狗『托托』的角色開始演戲。我相信人的內在有一隻小狗，牠是直覺的、衝動的，而且無法預測的。」

人的**潛意識**是「一隻小狗」，這個說法還真是奇特。接下來，這本書會經常使用「小狗」這個比喻，而且這隻小狗會不時在對話中插嘴。但是，如果想要聆聽孩子的內心話說了什麼，就必須忍受前面提到的「對話之間的空白」。

過去不曾與內在小狗（潛意識）對談的你，現在要啟程了。

「以前從來沒有這種親子對話。」

媽媽也很害怕
跟小學的孩子對話

我最害怕的，是自己。

—— 現代 HiCar 廣告 ——

「小學生的青春期——能戰勝媽媽的孩子，能戰勝全世界。」

這是發生在演講時的事情，有學生家長提問：

「請您具體說明與青春期的孩子對話的方法。」

我的回答向來都很簡潔有力：

「那個種族喔，並不想和我們對話。」

嘗試和正值青春期的小學生對話本身就會招來危險。那位學生家長為什麼要請教和孩子對話的方法呢？明明對方就不想對話，卻硬要跟人家搭話，無疑是想找人吵架。接著，學生家長換了個問題：

「請您告訴我如何和青春期的孩子吵架。」

這次我的回答不同了：

「請不要吵架。」

如果有自信能不和就讀小學的孩子吵架，那麼跟他對話也無妨，否則就不要貿然嘗試。帶著特定意圖的對話，和宣戰沒有兩樣，也等於是告訴孩子：「我現在要開始攻陷你了，所以乖乖地聽我的話。」

對此，孩子們就會很帥氣地回擊：「煩耶！」

你不能企圖學習對話的「方法」，而要先去檢視你想知道對話方法的「本意」是什麼。我希望你先暫時放下書，花兩秒鐘去思考自己為什麼要購買這本以「和小學生對話的方法」為主題的書。兩秒就好，你的腦中瞬間出現了什麼回答？

「我想和孩子像朋友一樣友好相處。」
「如果可以對彼此說內心話不是很好嗎？」
「我想避免對孩子造成傷害。」

如果你抱持類似的想法，那麼我希望你先把書放下，看是要進行冥想或獨自去哪兒散步都好，先去做別件事，最少一個小時後再回來。你並沒有想要讀懂對話的弦外之音，此時也並未和這本書的作者說出真心話。

你現在是獨自一人。獨處時，你無須採取防禦姿態來回答問題。我再問一次，你購買《家有小學生之親子溝通手冊》的理由是什麼？

「因為孩子不聽話。」

「因為擔心孩子。」

回答要比剛才好多了。不過,你還是免不了要再獨處半小時左右。再問自己一次:「在眾多親子教育的書籍中,我為什麼偏偏選擇了《家有小學生之親子溝通手冊》?為什麼拿起了這本書?為什麼那一刻買了這本書?」

「是因為害怕。」

「是因為覺得力不從心。」

現在,你已經準備好要讀下去了。從現在開始,卸下你的武裝,反正你現在是獨自讀這本書,也不會有誰看見。看到刁鑽的作者不停提問,你可能會覺得他很礙眼,好像旁邊有個人一樣,不過反正你現在是一個人,而且也明白自己想和孩子對話,是因為害怕,是因為感到力不從心,你已經意識到想要學習對話是為了「自己」。

為了孩子而學習對話方法,這種表面的說法並不是真的。假如你把虛假的說法當成出發點,就算你學習一百天、勤聽各種演講、像隻無頭蒼蠅般尋找資料也沒用。「我是為了你買了這本書」、「我是為了你花時間讀這本書」,最後

你就會想從對話中索求報償。而且，當你沒有獲得報償時，對話就會轉為攻擊。你會使用很高竿的話術，進行滴水不漏的攻擊。

可以肯定的是，當你把對話的原因放在孩子身上時，孩子並不會因為你的對話而改變。因為，你想要學習對話的原因，是在於「我感到害怕」以及「我感到力不從心」。想消除恐懼、消除力不從心的情況，這才是對話的目的。你不是為了孩子，而是為了自己，才拿起了這本書。

現在，你找到了對話的目的，而艱辛的旅程才正要開始。

「對話方法不是為了孩子，而是為了我。」

這就和沒有鏡子卻想看清楚自己的臉是相同的，所以對話才會如此困難，也最讓人害怕。

但是別擔心，第一個難關已經過了，你只要面對內心那份「恐懼」——你想尋求對話方法的原因——就行了。在你拿起這本書的「那瞬間」，就已經證明了你的勇氣。請相信我說的這句話。

媽媽和孩子的對話
就像磁鐵的兩極

我的內心，藏有太多自我，

所以沒有你的棲息之地。

—— 《荊棘》，河德奎作詞、作曲 ——

我知道妳很辛苦，也知道妳很害怕，妳不曾向誰傾訴，反正也沒人會懂，就算有這個人，妳也不想說出來。這會傷及妳的自尊，而且即便說出口，得到的也只是這類毫無誠意的回答：「嗯～妳一定很辛苦吧。」

所以，這種回答到底是怎樣？妳一定感覺不到真心，只會帶來滿滿的虛脫感。

現在就來回頭想想吧！好歹妳還試著想要對話。跟老公對話是老早之前就放棄了，和婆婆之間是本來就沒有話好說，娘家的媽媽則是到現在只會干涉，成天擔心東、擔心西。最後，妳只好試著跟兒子、女兒對話。可是，因為對話時處處碰壁，所以妳拿起了《家有小學生之親子溝通手冊》的書。

但妳明白了一件事，這並不是為了孩子，而是因為妳感到害怕、力不從心所致。那麼，過去對話的原因，是因為妳希望能得到安慰。想從誰身上獲得安慰？從妳的兒子、女兒身上。請妳試著問自己：「當我開口時，為什麼兒子和女兒會討厭和我說話？」

現在妳理解了嗎？知道彼此想在那短短幾秒鐘的對話中得到什麼嗎？孩子們也想要獲得安慰，也感到很辛苦、疲憊，害怕未來；眼看要做的事堆積如山，卻不知道該怎麼

辦；朋友們好像老是孤立自己；老師看智慧型手機的時間，好像比看他們還多。會把視線放在他們身上、對他們表示關心的人，好像只存在於通訊軟體；儘管在那裡，大家也都忙著說自己想說的話。

　　儘管彼此想以對話為名獲得安慰，問題卻出在沒人給得起安慰，所以對話很難超過三秒。就連三秒鐘都顯得漫長，只要零點五秒就結束了。

　　「英熙，喝果汁吧。」
　　「我不喝。」

　　讓我們試著聆聽，在零點五秒就結束的短暫對話中，隱藏著「潛意識」的聲音。

　　「英熙，喝果汁吧。」
　　（喝完果汁之後，可以坐下來跟媽媽聊一聊嗎？）
　　（媽媽啊，最近和爸爸……）
　　（媽媽啊，最近公司有個叫做金部長的人……）
　　（媽媽很好奇，妳最近的功課……）
　　（媽媽最近有點累，偶爾發呆的時候……）
　　「我不喝。」

（媽媽，我最近也很累，不要煩我。）

（誰要喝果汁，我比較想吃泡麵或御飯糰啦！）

（媽媽，我寧可跟朋友們用 LINE 聊天，我要回房間了。）

（希望不要又假借對話之名，老是問些有的沒的。）

　　如果你想得到安慰，對方就必須為了你痛苦。看到對方為你痛苦，你就能獲得安慰，可是孩子還沒準備好要為你痛苦，而你也同樣如此，所以彼此只能繼續痛苦煎熬。

　　如果想給予某人安慰，你就不能深陷痛苦，唯有如此，你才能痛他人之痛。那麼，那一刻，你就能為他人帶來安慰。你要怎麼做才能避免自己痛苦呢？

　　你必須找到痛苦的原因，找到傷口，好好地安慰它。你必須安慰受傷的自己。對你來說，有兩個「我」。

> 擁抱傷口的我
>
> VS
>
> 看著「我擁抱傷口」的我

　　你曾經在夢中擁抱著某人哭泣嗎？有的話，記得那個對象是誰嗎？那個人明明不是我，而是別人啊⋯⋯。

　　夢中的我，通常不是以自身的樣貌出現。夢中，有看著

那個對象的我。我們就連在夢中，都不知道那個對象就是「我」，而且還哭著擁抱那個人（我）。這即是潛意識為了安慰自己，自導自演的一齣縝密戲碼。安慰自己，就是如此困難又讓人害怕的事。

很遺憾的是，身為媽媽的我，想要對話的目的和孩子是相同的。兩者是磁鐵的同一極，所以沒辦法互相靠攏。唯有我沒有受傷，或者孩子沒有受傷，才有可能進行對話，並在其中互相得到安慰。若非如此，當同極相斥，或者有一方想強制拉扯，最終只會導致兩人的傷口漸趨惡化。

好的精神分析師會扮演指引者的角色，帶領個案遇見自己，與自己和解，進行自我療癒。一本好書也能扮演這樣的角色。獨處的時光、美術館的畫作，同樣能帶來助益。與孩子進行對話之前，不妨先讓自己充分擁有那樣的時光吧！

想和孩子對話，就先耐心等候

他總覺得，她雖然在說話，

卻好像還沒開始說話，而他耐心等候著。

他與她一同被囚禁，

走進了「等待」這個不穩定且巨大的循環運動。

—— 莫里斯・布朗肖（Maurice Blanchot），《等待，遺忘》[1] ——

1　原書名為 "L'attente L'oubli"。

我要出門去見某個人，抵達約定地點的時間卻比預定早了半小時。我走進附近的咖啡廳，點了一杯冰咖啡。我獨自坐在座位上，周圍的人則是三三兩兩的愉快地聊天。我想要掩飾獨自一人的尷尬，所以拿起了智慧型手機，並戴上與外界斷絕聯繫的耳機，一邊滑手機一邊等待著。我找了各種 Youtube 影片、新聞話題來看，但平時就花很多時間在看這些，所以已經沒什麼新題材了。我就這樣百無聊賴地等待著，甚至突然覺得自己不該這麼早就出門。

　　那麼，這時我有必要關掉智慧型手機，閉上眼睛，仔細地回顧一下。

　　「我為什麼出門來見這個人？」
　　「我想和這個人談的是什麼？」
　　「我想和這個人對話嗎？」
　　「我只是因為一個人很無聊，所以才出門嗎？」

　　即便想到即將見面的人，卻仍覺得等待的時間無聊乏味，那代表你並不怎麼想見這個人，或者見不見都無所謂。又或者，這只是基於工作需要，你非得見對方不可的場合。和這樣的人共度時光、對話時，真實的「我」並沒有表現出來，只有表面的「我」正在說話而已。你不需要耗費心理能

量去讀懂對話的間隔，反正任由這些時光流逝也無所謂。

一旦這種時間多了，「我」的存在感就會緩緩消失。這種生活持續久了，就算遇見了對話時需要讀懂間隔的重要對象，你也只會說出毫無存在感的語言。過去曾經深愛的那個人，也會變成可有可無的人。

或許跟妳一起生活的老公，早在婚前戀愛長跑三年後就變成那樣的人了。現在碰到約定時間未到，必須枯等老公的狀況時，甚至還會心生煩躁。沒有總是比妳早出門等你就算了，還總是手忙腳亂、頂著一顆啤酒肚的男人。妳之所以還願意容忍他，是因為看到他努力扛起這個家的樣子有些可憐，覺得於心不忍而已。

媽媽願意欣然等候的人，果然就只有孩子了。當夜幕漸深，媽媽等待著孩子趕快從補習班回家，同時內心也期待著，自己該做什麼菜給孩子吃，孩子才會在度過疲憊的一天後說出：「果然媽媽最棒了！」光是擁有想以真實的「我」去對話的人，就會讓人頓時精神抖擻，也因此才會不想把「媽媽」這個名稱從身上摘去。（假如妳連送孩子出門、在家等待他們回來都毫無感覺，只覺得無聊乏味……最好避免和他們對話。假如就連在他們面前，妳都用毫無感情的方式敷衍對話，那一刻，妳的立足之地就只剩憂鬱的泥沼了。）

如果想和孩子對話，在靠近他們之前，必須先確保空出等待他們的時間。那段時間能讓妳練習創造對話的間隔。它所打造的不是對話，而是打造妳的身心狀態來等待「孩子」。因為對話的間隔不是靠言語，而是靠肢體語言來傳達，因此對話前需要靠等待來打造妳的身心狀態。

　　經過這樣的等待，當媽媽打開車門，看著坐在後座的孩子時，她已經察覺了不發一語的孩子有心事。接著她便能果敢地決定，並做出「今天就安靜地帶孩子回家吧」的選擇。她帶著心痛的心情等待著獨自坐在車子後座、安靜地用耳機聽音樂的孩子。間隔的對話，就這樣緩緩地開始了。

　　等待的人不是只有父母，孩子也同樣在等待我們。即便他們戴著耳機、聽著音樂、盯著智慧型手機，但他們也在等待。看著媽媽有別於平時，不發一語地開車的背影，孩子獲得安全感，並開始覺得也許自己可以跟媽媽說。於是他鼓起勇氣，試著開口：

　　「媽媽……我可以換手機嗎？」

　　說時遲那時快，這段時間的等待頓時黯然失色，而且好像突然有什麼湧上了喉頭。可是，假如妳透過後視鏡賞孩子一個冷眼，告訴她不行，所有等待就會化為泡沫。

妳必須解讀對話之外未說出口的部分。

（回家的路上，媽媽一句話都沒說，心情看起來很輕鬆……那我要試試看嗎？）

「媽媽……我可以換手機嗎？」

（如果可以買新手機給我，我的心情會變好，以後也會乖乖聽媽媽的話……）

妳必須在對話的空隙中使用防禦機制，順利脫身。妳看著前方，稍微握緊了方向盤，告訴孩子：

（妳發現媽媽在等妳了呀？可是，妳可不能趁機利用這點喔。）

「哎呀……那臺車怎麼這樣……幹麼一直靠過來……」

（英熙啊，妳要保持適當的距離。）

「嗯……英熙啊，最近生活費有點吃緊，等爸爸領到年終獎金，到時再幫妳換，等三個月就好。」

（往後的三個月，由我握有對話主導權。）

「嗯。」（好啊，我可以等三個月。）

　　潛意識像小狗輕輕搖著尾巴，開始利用等待對話時所造就的空隙。這時不要立即答應要求，但也不要馬上就趕走牠，而是以適當的防禦來延遲情況。擁有三個月的主導權，算是非常棒的收穫了。

如何與懂得抽象性思考的孩子對話

Q. 聽到「抽象性」這個詞時，都會有種「很難懂」的感覺……孩子是從什麼時候開始進行「抽象性思考」呢？

　　一般幼兒期都是仰賴直覺性的思考，從幼兒園到小學低年級左右，則是集中在具體性的思考上。小學中年級以上，也就是從四、五年級開始，會快速地擴展為「抽象性的思考」。父母會碰到教育子女以來不曾感受過的全新局面，開始無法區分究竟是身為父母的自己變了，還是孩子變了。從這時開始，父母會覺得好像無法和孩子對話。

Q. 會覺得無法對話的原因是什麼？

　　進行抽象性思考，等於內心開始打造屬於自己的空間。在倉庫裡，堆滿了不需要具體性或客觀性、屬於自己的曖昧不明的物品。基於這種主觀性的原因，父母很難接近孩子。

站在父母的立場上，甚至會把抽象性思考的開始視為小學青春期的前兆。

Q. 站在父母的立場，應該不怎麼樂於見到孩子進行抽象性思考吧？

準確地來說，與其說是不樂於見到，應該說……是感到驚慌失措，不知道該怎麼辦。在孩子進行抽象性思考之前，只要靠身體接觸、抱抱他等互動就夠了，但現在只靠這些還不夠，所以必須熟悉和子女對話的方法。可是大部分的父母都是在強迫子女對話，而不是自行熟悉對話的方法。

Q. 那麼，和開始進行抽象性思考的孩子對話時，應該怎麼接近他們呢？

你不能要求孩子快速回答。當孩子進行抽象性思考時，想法也就開始增加了，所以不管你問什麼，他都不會立刻回答。就算他貌似很認真地思考完才回答，也不會給你清楚明瞭的答案。大多情況下，你帶著耐心等到的回答會是「我也不知道。」站在父母的立場上，必然是鬱悶到快抓狂吧？甚至會覺得，怎麼本來很聰明機靈的孩子，突然變成了傻子似的。這時，最好不要強迫孩子立刻回答，而是給他自行整

理抽象化的情況，以及慢慢回答的時間。當你給予孩子空間時，他們就會運用邏輯性思考，孩子將會跨越初期階段，進入抽象性思考旺盛的時期。

Q. 有人說，和孩子對話久了，會覺得孩子能言善道到令人啞口無言的程度……有沒有什麼辦法，能和抽象性思考很活躍的孩子順利對話呢？

　　請先認同「孩子可能用邏輯打敗父母」這點之後再開始對話。原本以為孩子還年幼不懂事，卻在某一刻感覺被擊中要害時，要父母認同這點並鼓舞孩子並不容易，有時還會覺得傷及自尊心而面紅耳赤。所以一般父母都會這麼說：「不要大人說一句，你就頂一句，回房間去寫你的作業。」

　　真正的變化會產生在認同對方邏輯的瞬間。如果想以對話讓子女有正面的成長與變化，他們開始抽象性思考的時間點就是機會。你必須認同他們的邏輯，並暫時放下「再這樣下去，孩子可能會爬到父母頭上」的恐懼。

Q. 原來如此。除了與父母之間的關係，當孩子處於抽象性思考拓展的時期，和朋友們的關係似乎也會出現變化？

沒錯！會出現非常重大的變化，就是形成同儕團體。在這之前都是以遊戲為中心，並根據情況而有不同的玩伴。但是，從這時開始就會以人為中心，玩伴會固定下來，而每一次玩耍的內容會產生變化。

Q. 進行抽象性思考也會對學習造成影響嗎？

是的，會造成許多影響，尤其孩子會開始有能力寫出長篇文章。假如在這之前，孩子是以創作短篇故事為主，那麼在進行抽象性思考的同時，他也開始懂得表現文章中出場人物的內心變化。此外，他也能整理主觀性的意見，完成文章，題材也同樣變得豐富多元。假如之前他是以「烏龜」等具體題材來完成句子，現在他則能善用「信念」等抽象性的詞彙來寫作。

從數學來看，他原本只知道數字 1、2、3、4 等，但後來開始接受 0 這種「什麼都沒有」的概念，也逐漸了解到-1、-2、-3 等負數的意義。抽象性思考大幅拓展了孩子的思維能力，特別是對創造力也造成了影響。

Q. 孩子們的抽象性思考如何和創造力作連結呢？

其實，任何思考都和創造力有所連結。直覺性思考、具體性思考、抽象性思考都與創造力有關。抽象性思考會運用非具體性的詞彙進行思考，所以為了彌補自己的不足之處，會努力以「邏輯性」的形式來具體化。

這種講究邏輯的態度，對於類推、確立科學與數學的新原理有相當的貢獻。抽象性思考與找出新原理的創造力密切相關。

Q. 可是，有些孩子做什麼都很快，也有些孩子天生就是慢半拍，進行抽象性思考的時期，應該也會有各人差異……是嗎？

沒錯，每個孩子必然會有差異。一般來說，女同學會比較快進入這個時期，但假如到了六年級左右，孩子依然主要依靠具體性思考，那麼在朋友之間他就會被視為「有點幼稚的孩子」。在學習上，則會在理解概念時遭遇到困難。孩子可能會逃避複雜的問題，但實際上是因為他還沒有餘力去理解複雜微妙的情況。

Q. 「我的孩子在抽象性思考方面發育得比較慢，所以我很擔心……」這樣的父母又該怎麼辦呢？

抽象性的思考有很大的部分是仰賴「語言」。假如疏於閱讀書籍給子女聽，或者對於周圍環境、事件、情況的說明不足時，孩子的詞彙能力就會受到極大的限制。當本人能夠活用的詞彙不足時，就無法啟動抽象性的思考。碰到子女不懂的詞彙，或者對某種現象產生好奇時，平時就應該充分說明給他聽。

此外，也可以將日常生活中產生的具體需求，改成抽象性的對話。

Q. 把具體需求改成抽象性的對話？這句話好難懂，請您稍微解釋一下。

好的，就是像這樣。孩子說：「媽媽，我肚子餓。」那麼通常媽媽會說：「好，媽媽馬上做飯給你吃。」但是面對抽象性思考發育得比較慢的孩子，可以這樣回答他：「媽媽做飯最少要半小時，你可以忍到那時候嗎？」

也就是說，在滿足孩子「肚子餓」的單純需求之前，讓他去思考半小時的時間概念及耐心等待的情況，促使他進行抽象性思考。

Q. 那麼，早點開始懂得抽象性的思考，對孩子來說比較好嗎？

就拓展思考層面來說，它能使思考更自由，因此盡快開始是比較好的。然而，此時孩子身邊的朋友們依然很熱衷、享受具體的事物，因此要是太早開始進行抽象性思考，孩子就會感到很孤單，也可能會顯現出沉浸在個人世界的傾向。他會對具體的情況不感興趣，對周遭比較不敏感，也會增加發呆的時間。要是太早沉浸於抽象性思考，可能會與現實脫節，因此必須多留意。

Q. 開始進行抽象性思考的孩子有什麼好處呢？

孩子會產生懷疑。儘管過去他會按照所見所聞去相信，但現在會知道那並不是全部。從這時開始，無論碰到任何事，他都做好了要深入挖掘的準備，也能應付複雜的情況。但問題在於，假如這時身處高壓強迫的環境，他就會痛苦不堪。備受束縛的感覺令他透不過氣，進而產生想奪門而出的衝動。

Q. 如果此時讀這本書的家長，家中有就讀小學四到六年級、開始進行抽象性思考的孩子，您會對他們說什麼呢？

你一定經常看到，搭車移動時，子女戴著耳機坐在後座，一邊聽歌點頭一邊看著窗外的樣子。學校課業突然變繁重了，可是就在這個節骨眼上，就讀小學高年級的孩子們卻開始熱衷聽流行音樂，沉迷於那些觸動自己內心、充滿抽象詞彙的歌詞。這是因為歌詞替孩子們說出了他們未說出口的心聲，同時孩子們也是跟著抽象詞彙的旋律在學習人生，希望你能暫時放下想一把搶走孩子的耳機，以及播放英文單字CD 給孩子聽的衝動。我的孩子會繼續當個少年，抑或是有所成長，這一切取決於「抽象性思考」。

第2章

我與孩子對話，
因此我成為媽媽

第二話：
無話可說的家人

媽媽的
對話本能是什麼？

本我、自我與超我

在欲望、現實與理想之間

處於不斷鬥爭、矛盾的關係，

所以當有一方占上風時，就會彰顯其屬性。

—— 佛洛伊德，《夢的解析》 ——

真正的對話是從認識「我」之後開始。在不明白自我的情況下所說的對話，並不是我真正的欲望，而是因為從兒時就習慣按照他人的欲望去做罷了。你必須先從了解自己是什麼樣的人開始。無論學習再怎麼出色、新穎的對話方法，只要少了這個前提，就會失去真正的意義。為了明白自己是什麼樣的人，我們需要提出許多哲學性的問題。最具代表性的問題如下：

　　「我存在嗎？」
　　「我是誰？」

　　在哲學的歷史上，這個問題不曾停止過，許多哲學家為了回答這個問題而拚命思考，但大部分都在尚未解答之前就駕鶴歸西了。不過至少，名為笛卡兒的偉大哲學家曾留下這麼一句話：

　　「我思故我在。」

　　但多數人對這種哲學性的問題逐漸失去了興趣，人生與哲學漸行漸遠。這也很理所當然，因為問題本身太過模糊了。後來，有一個新的人物現身，拋出了前所未見的問題。

他並不是哲學家，而是一位名為「佛洛伊德」的醫生。為了尋找「自我」，他提出了問題：

「我的本能是什麼？」

當他首次對世界拋出這個問題時，許多人用奇怪的眼神看著他，彷彿他提著什麼見不得人的東西走到外頭，但如今社會卻是透過這個問題在運作。「本能與欲望」，無論是個人或團體，都是依此來行動。表面可能不是如此，但我是什

麼樣的人，是始於我的本能和欲望。儘管我們還不知道，那個欲望真的是屬於我，又或者是童年時期媽媽灌輸在我腦中的，但至少它的源頭是本能，是欲望。

根據佛洛伊德的《夢的解析》，「本我」如同控制汽車速度和方向的駕駛，是一種儲存精神能量的地方，會受到本能的支配。

歸納其說法，也就是我的體內有一隻受到本能的支配、名為「本我」的小狗，而「自我」則是負責決定要用繩子把這隻小狗綁起來、放牠在院子裡自由跑跳，又或者是要被這隻小狗拉著四處跑。

那麼，現在我們該來問問：「媽媽的本能是什麼？」

通常我們會說，媽媽的本能是「為子女付出無限的愛」，但很可惜的是，無論是媽媽或孩子都被蒙騙了。躲藏在這句話的空隙之中的潛意識說：

「媽媽這麼愛你們，所以你們也要珍惜、尊重媽媽。」

有時候，潛意識也會不小心把媽媽的真心話說出來：

「假如沒有你，我早就離婚了。」

「假如沒有你，我就能繼續累積職場資歷。」

「假如沒有你，我就會繼續升學。」

「我是為了你而活。」

這些話語的空隙中，所透露的真正意思是──

「假如沒有你⋯⋯」

媽媽也會萌生想拋棄孩子的念頭，這即是本能。從現在開始，當妳靠近孩子，試圖對話時，不要總是站在好人的位置上揮舞權力。媽媽並不總是好人，只不過是當內在想要拋棄孩子的小狗蹦出來時，媽媽很努力地將牠栓牢罷了。媽媽隨時都能鬆開小狗的項圈，而小狗也不過是在等待被鬆綁的那一刻。

把內在的依附
欲望綁好

無論是過去或現在，畫家都是發現野生意象的殘暴面向後，

將其加以裁切，進而創造「美之快感」的人。

—— 白尚賢，《拉岡美術館的幽靈》 ——

畢業三年了，我依然在等待那個孩子。擔任班導師的期間，因為那孩子受到的傷害太深，所以我沒有勇氣伸手去安慰他。當年的我也很不成熟，內心惶恐不安，而即便是現在，當時的恐懼也會冷不防地探出頭來。只要想起那孩子，我就覺得心痛不已。如今，我想讓那孩子看見這份傷痛，希望能藉此讓他獲得安慰，但他至今不曾來找過我。

大約一年前，我看見手機有那孩子打來的未接來電紀錄，我雖連忙回撥了幾次，他卻沒有接起電話。接著，又是一年的杳無音訊。無論是在臉書或 IG 上，都找不到那孩子的痕跡。

我可以等，或者用更嚴格的說法，是我希望等待，想要等待。雖然三年的等待是如此漫長，漫長到令人乏味，但在那段時間內，我用全身來為對話做好準備。時間間隔愈長，就愈能培養出看得更深入的眼光。只要那孩子活著，好好撐下來，我就能等他。

（拜託你了，千萬別死，如果你就此消失，我內心的傷痛就一輩子都不會離開我了。這不是為了你，是為了我自己。你的存在，對某人來說是必要的，是有用的。）

就算媽媽有想要拋棄孩子的念頭，卻沒有真的付諸行動。儘管偶爾，有人會基於情非得已的理由而這麼做，但大部分的人仍可控制自己不傷害孩子。媽媽們這麼做是有理由的。

看到孩子嬉戲的模樣，會令父母感到幸福，而那種幸福感會使為人父母這件事變得有成就感。儘管有時孩子會抵抗，但他們的個子還很嬌小，也無法獨自去哪裡，所以還能控制他們。我能控制某人，這件事會在無形中帶來快感。此外，還有其他微小的欲望會對你悄聲呢喃：「孩子還有派得上用場的地方，所以你要帶著他們。」接著，「依附欲望」的身形逐漸變得巨大，壓過了想放開孩子的「分離欲望」。隨著時間的流逝，「依附欲望」的力氣日益增強，想要放手的「分離欲望」則受到壓制，控制也更穩固。從這時開始，在媽媽和孩子們的對話空隙中，兩種欲望也起了無數大大小小的衝突。

英洙：「媽媽，我想去網咖。」

（分離欲望：「媽媽，現在我不想待在家，想去其他地方玩。」）

媽媽：「不行，妳不知道網咖有多少不良少年嗎？」

（依附欲望：「看來妳的翅膀慢慢長硬了，但妳想都別想。」）

英洙：「不會啦，那裡還好，就在大樓前面而已，我們班同學都在那裡。」

（分離欲望：「我現在想跟朋友們玩，不想跟媽媽在一起。」）

媽媽：「要是妳跟他們成群結黨，長大就會跟那些不良少年一樣。」

（依附欲望：「妳只要跟媽媽待在家裡就行了。」）

現在，閱讀了孩子和媽媽之間的內心話之後，再次對話看看吧。

英洙：「媽媽，我想去網咖。」

媽媽：「看來最近除了去網咖，就沒什麼地方好玩了，對吧？不過，妳一個人去嗎？」

英洙：「沒有，我們班的男生都在那裡。」

媽媽：「嗯……那妳玩一個小時，然後帶朋友們來我們家，媽媽做辣炒年糕給你們吃。」

英洙：「真的嗎？哇～那我一個小時後帶他們回來。」

媽媽：「記得傳訊息跟媽媽說有幾個人要來，媽媽會做準備。」

孩子說想去外頭做某件事，意味著他們內心的「分離欲望」藏在對話的間隔之中。多數父母會以安全為由訓斥孩子。安全固然重要，但利用這點阻止孩子嘗試在外頭做什麼，則是潛藏在媽媽體內、不想要分離的「依附欲望」所做的事。

「分離欲望」和「依附欲望」之間必須找到平衡點，在這過程中，給孩子一小時的時間界線，以及說要做辣炒年糕給所有朋友吃，要孩子帶他們回家的空間限制，則能帶給彼

此某種程度的妥協餘地。一般來說，如果某一方的欲望試圖發揮強大的力量，就只會產生嚴格的控制與強烈的反抗。

　　在這篇的開頭，我說自己在等待一個學生。事實上，我在等待的學生三年來都沒來找我，代表那孩子做得非常好。要是他可以把身為班導師的我澈底遺忘就更好了。而他也能憑直覺知道，班導師的內心有依附需求，就像隻小狗會以安慰傷口為誘惑，試圖抓著他不放。所以我很慶幸，就算那孩子遲遲沒來找我也沒關係。雖然我內心的「依附欲望」持續喊著需要那孩子，但如今我對那孩子已經沒有任何用處了。就算這樣也無妨，這就是班導師的角色，和媽媽的角色並沒有太大分別。

　　聽到孩子說要和朋友去超商買御飯糰和杯麵吃，不吃晚餐時，別以健康為由跟他說不行。你會這樣說，那只是因為覺得自己一個人在家吃飯的處境很淒涼。碰到這種時候，就多給孩子一點零用錢，讓他和朋友一起去買炸醬麵吃，這才是在對話中戰勝「依附欲望」的方法。

07

別感到沮喪，
你不是被排擠了

別忘了，你必須戰鬥才能生存。

—— 林率兒，《為了好好活著，我們最終走向更壞》[1] ——

1　采實文化出版。

「老師，今天午餐時間我想找您聊聊。」

這是我在學校時，聽到最令人緊張的一句話。突如其來的面談要求，讓我無法讀懂其中的用意。碰到這種時候，我會進行幾項推測。

「老師，我有煩惱，請您聽我說。」
「老師，關心一下我嘛！」
「老師，我只是覺得午餐時間很無聊。」

早晨的上學時間，我坐在辦公桌前愉快地讀書，這時英熙突然走過來，說了一句讓人緊張的話（午餐時間要面談），接著就突然走掉了。我心想英熙有什麼事，於是悄悄地走到她的座位旁問她，算是一種試探戰。

「妳有什麼困難嗎？」

（給我一點事前情報吧！）

英熙也不看我一眼，只是一聲不吭地從書包拿出筆袋，打開之後，一臉滿足地欣賞削得很尖的鉛筆。英熙取出一根尖銳的鉛筆，然後說：

「我等一下再講。」

（有看到鉛筆都削得很尖吧？會受傷喔，戰鬥就先等午餐時間再說……知道了嗎？）

從那一刻開始，我的潛意識就進入了緊急狀態。我開始匯集這段時間的所有記憶，並分析起英熙與身邊的好友曾經有過什麼衝突。要是英熙能給我一點線索，我就能找到出發點了，但英熙卻用一句「我等一下再講」先發制人。她不是在要求面談，這是宣戰。

　　到了午餐時間，我快速吃完飯、刷了牙，做好出征的準備。我一邊刷牙，一邊召喚潛意識，把它提供的資訊拼圖當成鎧甲般披在心上。我坐在辦公桌前，把學校的公文和文件全部清空，準備了一張白紙和紅筆、藍筆、黑筆。一張白紙是防禦用的，而原子筆則是作為攻擊用途。要發射紅筆飛彈、藍筆飛彈或使用黑色飛彈，就取決於英熙的第一句話。

英熙終於來了，可是無論是防禦用的白紙或攻擊用的原子筆，我全都沒用上，澈底吃了場敗仗。英熙只使出了一句短暫快攻：「老師，我明天再來面談。」

警戒狀態莫名解除之後，辦公桌上再次被各種業務文件占據，甚至我開始覺得為什麼自己整個上午都像個傻瓜般處於備戰狀態。隔天，英熙像是不曾提起面談這回事似的，午餐時間只顧著在教室的角落跟朋友們聊天。那一刻，我萌生這樣的心情──「我是被排擠了嗎？」

假如聽到孩子主動說要對話，就一味認定都是好事，那表示你不懂孩子。在孩子主動說要對話的瞬間，首先要保持緊張感。光是我迎接對話之前的第一個小舉動，孩子就已經看穿一切。

「他只是想假裝對話而已，並不是關心我。」
「他雖然關心我，卻沒有解決問題的能力。」
「多講無益。」
「不過，好像比預期來得好。」
「噢，不愧是老師。」
媽媽們總是太輕易地主動說要跟孩子對話。

「英熙啊，我們來聊聊吧？」

（家人要對話，關係才會和睦。）

「我不能一個人待在房間嗎？」

（關係和睦又怎樣？我又不在乎。）

想向孩子申請對話，就先把家中清理乾淨、齋戒沐浴，獨自坐下來短暫冥想，把自己能做的都做到最好之後，再說出心中想說的話吧。唯有做好澈底的準備，才可能看見對話之間未說出口的部分。

「對方沒有說出口的事，我就絕對無法得知，只能透過表情和行為稍微了解他的心理狀態。」

在精神分析領域擁有三十年資歷的鄭度妍教授，就在《佛洛依德的椅子》的序言中說過這句話，對話的困難度由此可見一斑。

之所以要媽媽在試圖和子女對話之前做各種事前準備，原因就在於媽媽也要和自己對話。雖然孩子是我的，卻是無庸置疑的他人。想了解他人是很魯莽的嘗試，因此在那之前必須調整好自己的狀態，等待對方。

齋戒沐浴，指的是古人在祭祀之前會先沐浴。為了緬懷亡者的靈魂，如此誠心誠意的原因就只有一個，是因為他們要見上一面比登天還難。我們的孩子是比那更難了解的存在，想遇見他們，就必須竭盡全力做好準備。可是，大部分的人仍會聽到這樣的話——「以後再講。」

　　別沮喪，至少你沒有被孩子排擠。

08

媽媽的對話中
有一種氣味

媽媽是一種氣味。

—— 尹允相，《覺醒媽媽的心理課》[1] ——

1　方言文化出版。

我試著創作了一篇神話故事，讓我們想像一下從前神創造人類的時候：

　　從開天闢地到人類走向滅亡的日子，神以泥土捏造了所有人的臉孔。剛開始捏泥人的過程非常有趣，但要替所有人都打造一張不同的臉孔，對神來說也不是件容易的差事。捏完最後一張臉，神也倦怠了。祂正打算稍作歇息，卻猛然想起漏了一件事──祂忙著打造臉孔，卻忘了放入每個人的聲音。想到得重頭替那麼多人打造不同的聲音，神感到厭倦又煩躁，最後祂把所有人全都設定成相同的聲音，就進入了夢鄉。
　　祂這一沉睡就是數千年，醒來之後卻發生了驚人的大事，就是每個人都有了不同的聲音。經過巡視，神很快就知道這是怎麼一回事，是各自的欲望改變了他們的聲音，聲音會隨著欲望變化。

　　每個孩子的語氣都不同，抑揚頓挫也不同。就像無數的孩子有各自的臉孔，對話中聽見的聲音、手部動作和頭部動作也都有差異。其中有特定的模式，在這模式中有志同道合的孩子們，也有合不來、起摩擦的孩子們。雖然彼此沒什麼特別的問題，兩人卻發生爭吵。

「他說的話很讓人不爽啊。」

要是再追問是哪個地方不爽，孩子卻說不出具體內容。

「他笑的樣子讓我覺得很討厭。」

但另一個孩子只不過是笑著在跟朋友聊天罷了，也不是在嘲笑、挖苦他。

爸爸媽媽的語氣中也有固定的模式。媽媽是否在生氣、感到煩躁或為某事不安，都會在對話的第一句表露無遺。

「媽媽沒有生氣。」

（我現在非常生氣，給我小心點。）

以這句話開頭時，孩子已經嗅到了氣味，媽媽正在氣頭上，只不過是很努力壓抑情緒，放慢說話的速度罷了。孩子潛意識中的欲望，能夠很靈敏地嗅出話語中的氣味。

爸爸說了冷笑話想要搞笑，孩子和媽媽卻覺得很煩，只有爸爸自顧自地笑得很開心。全家人說要一起出門散步、一起到外頭用餐，但沒多久就看見只有媽媽和孩子們走在一塊，與爸爸的距離愈拉愈遠。爸爸的語氣中散發了太多大叔的氣味，是一種彷彿跟不上時代，還獨自沉浸在當兵回憶中的味道。

有些爸爸一開口就是計算和分析，並且認為這都是為了家人、為了妻兒著想，但媽媽和孩子卻很受不了這個氣味。

「這都是為你好，要說幾次你才會懂？」

（我是利用你來滿足我的欲望，我是要說幾次！）

「話語中沒有尖刺，只有各自的氣味。」

這個氣味強烈到可以由此界定一個人。「我媽媽本來就是這種人、我爸爸本來就是那種人」，這些都是話語中散發的氣味使然。

對話中的氣味難以遮掩，但在有些情況下，對話完全不會散發任何味道。這通常可分成兩種：對方使用高難度的「防禦機制」，又或者是「完全透明」。要區分這兩種有很高的難度，但只要稍微跟隨意識的流動，就能立即察覺。

當對方使用防禦機制，沒有散發任何氣味時，好好觀察一下。只要有意識地跟隨自己正在進行的對話，你就會發現，自己也在無形中使用了防禦機制在應答。

只有在雙方都沒有抱持任何野心時才可能發生「真正不散發任何氣味、純度百分之百」的對話。少了想從對方身上獲取某種欲望和欲求，一來一往的對話中就不會散發氣味。這時，潛意識中的欲望會解除警戒，安然睡去。

想要和孩子來一場沒有任何氣味的對話，就必須在對孩子毫無所求的狀態下進行。為此，你必須喊出魔法咒語：

　　「我的孩子不是我的孩子。」
　　「我的孩子不過是借我肚子出生的他人。」

　　腦中驀然浮現了紀伯倫（Kahlil Gibran）的《先知》中關於孩子的章節：

　　「你的孩子不是你的孩子。」

　　我明明是在教導如何消除媽媽話中氣味的咒語，但很奇怪，媽媽們卻老是說出別的咒語：

　　「那個人不是我老公。」

數位移民者與數位原住民的對話方法

Q. 數位原住民⋯⋯是什麼意思呢？

這是透過美國教育學者馬克・普倫斯基（Marc Prensky）而廣為人知的說法，意指不曾活在沒有網路世界的人。而與此相對的，就是從紙張時代跨到網路世界的人，也就是「數位移民者」。二十五歲以下，尤其是青少年和小學生都是屬於「數位原住民」。

Q. 原來我們是「移民者」啊！觀看歷史，移民者和原住民之間不是會發生衝突嗎？看待數位的觀點也是這樣嗎？

沒錯，尤其是身為數位移民者的大人們，老是忘記我們的孩子是數位原住民的事實，所以經常會說：「明明是我們家的孩子，為什麼和我們使用的語言不同呢？」並認定這僅是世代差異。站在數位原住民的立場，只覺得大人很奇怪，

明明他們手裡拿著高級昂貴的智慧型手機，可是使用的也只有 LINE，所以孩子忍不住想：「既然這樣還不如給我，還說以後再買給我……」雙方於是爭執不休。

Q. 身為數位原住民的小學生，對身為數位移民者的父母最大的不滿是什麼？

以根本就不合理的理由，限制他們使用智慧型手機。

Q. 為了避免孩子成天滑手機，「限制」不是必要的手段嗎？

是的，這想法本身就是數位移民者的觀點。站在原住民的立場上，則是覺得自己時時需要手機。舉例來說，如果限制學生只能攜帶書和筆記本，那會變成什麼樣子？

Q. 當然不可能這樣啦！

對數位原住民來說也是相同的。在日常生活中，3C 設備要比書本和筆記本有用多了，要求他們在缺少 3C 設備的狀態下生活，根本就說不過去。他們都是開始學走路之前，就從智慧型手機的畫面看到出差的爸爸、聽到媽媽的聲音與臉

孔長大的孩子。從小，替孩子和親愛的爸爸、媽媽連線的，始終都是智慧型手機……它與我們的孩子形成了難以想像的密切關係，移民者完全無法理解。限制孩子使用智慧型手機，站在身為原住民的立場上，甚至會覺得自身的存在受到了侵害。

Q. 可是，不能讓小學生想玩多久就玩多久，是因為智慧型手機會引起許多負面影響，像是網路成癮、電玩成癮等。

　　沒錯，所以才需要教育他們。想要教導孩子節制使用 3C 設備或正確的使用方法時，就不能只把它當成單純意志力的問題，否則很可能以失敗收場。因為這不是意志的問題，而是認知的問題。唯有認知到對數位原住民來說，3C 設備的定位是什麼，才能與數位原住民共享他們的情緒，也才會產生共鳴。

Q. 那麼，大人就非得先具備和孩子相同的認知了，不過大人和孩子之間最具代表性的想法差異是什麼？

　　就是擔憂依賴 3C 設備久了，可能會造成缺乏邏輯性。尤其是看到 LINE 的訊息全是不完整的句子、縮寫和貼圖，

大人就會忍不住想：「到底是在講什麼？別說是要培養邏輯性的語言能力了，我看連耐心都會喪失。」

Q. 實際上不就是這樣嗎？

　　的確會缺乏文字能力，但並不代表會缺乏邏輯性，只要看成是大人無法理解數位原住民的文法就行了。

　　我們稱為邏輯的，指的是緒論、本文、結論以線性方式排列，猶如用繩索銜接般環環相扣，原住民則是以關鍵字來延續有邏輯的對話內容。他們也具有邏輯性，只不過表現邏輯的形式不同罷了。

Q. 即便說他們有邏輯性，但大人也總會有能力教導數位原住民⋯⋯也就是說，應該會有孩子們需要的部分才對。

　　沒錯，有的！促使數位原住民這個說法普及化的教育學者馬克・普倫斯基，就用一句話來表現數位原住民需要的特質，也就是「省察」。

Q. 「省察」？這是指數位原住民的「省察」能力低落嗎？

　　準確地來說，他們並不是省察能力不足，而是缺乏進行省察的環境。一般來說，省察會發生在和他人暫時保持距離，回顧自身的過程中。

　　我們大人是透過紙本書來認識各種知識，很自然就會形成自我省察的環境，因為紙本書本身就是離線（Offline）的狀態。但是，現在不同了，隨時都在傳送與接收資訊，而且就算不是即時傳送或接收，隨時都能連線的情況本身就會攔截深入思考的時間和餘裕，他們只要上網搜尋就能解決一切。

Q. 如果想替數位原住民打造省察的環境，應該怎麼做呢？

　　是的，關於 3C 設備的教育就必須從這種觀點開始。限制孩子，並不是只為了避免他們連上有不良影響的網站或網路成癮，而是要帶著孩子需要省察環境的想法去接近他們。我要說的是，到小學為止都不要買智慧型手機給孩子。就算沒有智慧型手機，孩子們接觸網路的機會也已經多到滿出來了。對孩子來說，省察的時間即是用全身去玩耍、親自動手去做某樣東西的時間。重要的是確保孩子有充分的時間做這些事，並讓孩子在這段時間暫時遠離 3C 設備。

Q. 那麼，有沒有身為移民者的我們該向數位原住民學習的地方呢？

有的，多著呢！其中必學的就是「通訊軟體」。數位原住民並不畏懼把自己當成「網路通訊族」。他們理直氣壯地自稱網路通訊族，認為自己不只是在單純分享日常生活，而是在傳播有意義的事情。甚至他們會把在移民者眼中看來很無言的電玩影片上傳到 Youtube，把自己的技巧傳授給其他遊戲玩家。移民者該學習的一點，是對成為這種網路通訊族感到習以為常。

Q. 我們要習慣成為網路通訊族的理由是什麼？

在孩子生活的未來中，會有更多通訊軟體登場，成為必要的工具，這是因為量身打造的人生會逐漸成形。身為原住民的孩子隨時能和其他網路通訊族連線、溝通，而他們也同樣準備好要擔任通訊族的角色。可是，移民者卻很忌諱這點，所以無法教育他們如何正確扮演角色。就算身為移民者的大人是為了告訴孩子適當的界線在哪裡，也有必要去熟悉通訊軟體。更進一步地來說，身為父母的我們必須樹立起擔任通訊族的健全榜樣。

Q. 當父母想要挑戰網路通訊族的角色時，應該怎麼做呢？

很單純，假如今天是星期天，上午先稍作休息，下午就打開電腦設置一個 Youtube 帳號，接著和孩子一起討論要以什麼內容為主題，把影片上傳到 Youtube。你可能會毫無頭緒，不知道該拍攝什麼、該上傳什麼，但請別感到退卻，各位的孩子是數位原住民，他們會替你解決的。父母只要在這過程中扮演嚮導的角色，避免孩子跨越普遍的界線就行了。

Q. 最後，請您向身為數位移民者的父母說句話。

很諷刺的是，把我們的孩子打造成數位原住民的不是他人，正是身為大人的我們。還有一件事可以確定，就是會持續增加數位原住民。你必須拋下數位移民者能控制數位原住民的想法，必須跳脫從直線延展的線性邏輯，學習他們只靠關鍵字就能在溝通與理解之間穿梭的邏輯。當原住民碰到能與自己流暢對話的移民者時，就會如同我們看到流暢說出我們語言的外國人一樣，會覺得他很了不起。但願各位學生家長都能成為了不起的數位移民者。

第 **3** 章

不是只有一種
對話的方法

第三話：
無話可說的家人

對話，是因為媽媽想多了解妳。

可是，媽媽問的不是我，而是我和同學的成績啊！

媽媽也很好奇啊！

拜託，只問媽媽好奇的事情，才不叫對話。

不然到底要怎麼做？

媽媽只要相信女兒，買最新型的手機給她就行了。

你才是不懂媽媽的心情！每次只會吵著要買智慧型手機！

09

內向的孩子
不會主動搭話

家中有內向子女的父母總是操心，

自己的兒女會在外向孩子的包圍下處於劣勢，

於是逼著孩子要學習外向的孩子，成為活潑好動的人。

內向的人，從小就吃足了苦頭。

—— 尹秀卿，《跨越門檻》 ——

在同年級的孩子之間，英哲顯得格外小心翼翼。他的眼神總是轉來轉去，忙著看他人的眼色，只要有人提出強烈的主張，他就會默默地順從對方。甚至當其他孩子在遊戲中遭受不公平的待遇時，他也遲疑不決，不敢說出自己的意見。

有一次我和英哲的母親面談，他的母親傾訴了自己的苦惱：「英哲在外頭都不敢說話，可是只要一回到家就對我不耐煩。剛開始我以為他無處宣洩情緒，但是情況卻變本加厲了。我不知道是不是應該繼續包容他，但又擔心他之後把媽媽當成出氣筒。」

身為班導師的我，聽到這件事之後非常驚訝，因為即便英哲看起來很小心翼翼，也不太敢說出自己的意見，但並不是完全不會表露情緒的孩子，也不是那種會隨便對待他人的孩子。

一般來說，情緒受到壓抑的孩子碰到好欺負的對象（在孩子的眼中認為是弱者）時就會變得頤指氣使。當媽媽極為忙碌，或者內心懷有怯懦感、愧疚感時，孩子就會認為這是弱點並趁虛而入，把過去無法宣洩的情緒加倍奉還。但英哲並不是那種孩子，而且就算英哲的母親很苦惱，需要求助於老師，心理上也沒有畏縮到會受英哲擺布的程度。她只不過是不知道應該接受英哲的煩躁情緒與怒氣，又或者應該讓英哲就此打住，所以才來找我罷了。

我告訴她，就算英哲無法在他人面前說出意見，也不是會傷害媽媽、令媽媽心痛的孩子。再說了，目前似乎還有某些部分尚未明朗化，要她再花點時間留意看看。

我觀察英哲好幾天，但他跟先前並沒有兩樣。他確實很小心謹慎，但不是會對他人亂來的孩子。再繼續觀察下去沒有意義，我決定親自問英哲。有一天午餐時間，我把英哲找來，進行了短暫的面談。

「英哲，現在是午餐時間，所以老師不會耽誤你太久時間。只要簡短地回答老師就行了，好嗎？」

英哲面露緊張，不知老師要問什麼。我握著他的手問：

「媽媽做了什麼事讓你生氣嗎？」

「沒有。」

「那對媽媽有什麼不滿嗎？」

「沒有。」

「那麼，假如媽媽可以替你做某件事……你希望媽媽替你做什麼？」

「禮物之類的嗎？」

「不是不是，不是東西……老師是在問，你希望媽媽平常怎麼對待你？」

「我希望媽媽不要老是叫我先跟朋友講話，我沒有勇氣。」

「原來如此，原來英哲你先跟朋友講話時會需要勇氣啊，跟老師很像喔。」

「老師也是嗎？」

「對啊，老師小學的時候也超不會講話的。如果要主動跟誰說話，我就會猶豫很久。不過你不用擔心，雖然需要時間，但你會慢慢進步。你不需要很多很多的勇氣，只要每次循序漸進就行了。好了，你可以出去玩了。」

聽到英哲主動跟朋友說話時需要「勇氣」後就能知道，事實上，需要「勇氣」的東西，意味著需要耗費極大的能量。英哲不過就是個典型內向的孩子，如此而已。

與其說英哲對媽媽做出的行為是在濫用情緒，倒不如說是相較於他人，面對媽媽時不必耗費那麼多能量，同時又能在媽媽面前表達自己的意見。還有一點要補充的是，唯獨想在媽媽面前表現出強悍的樣子，有很大的部分是因為想得到媽媽的認同。這是一種潛意識的抵抗，想讓老是要求我率先向其他朋友搭話的媽媽知道，我也能表達自己的意見。這時媽媽不需要做什麼，只要停止複誦「先主動跟朋友說話」的咒語就行了。

內向的孩子不會主動攀談，而是把能量集中在聆聽對話。還有，雖然他們不會把接受與否表露於外，卻會自主地

做出決定。表面上他們不擅於表達主張，彷彿老是被周圍的人比下去，實際上他們卻保有強韌的自我，是把沒有表現於外的能量儲存於內在的剛強之人。

強迫內向的孩子率先跟他人說話，這種作法近乎「攻擊」與「暴力」。當父母心急地將對話的主導權硬是交到孩子的手中，要他引領對話，孩子就會出現不必要的負面反應，而英哲就是以對媽媽不耐煩的方法來呈現這種反應。

《我是內向的人》的作者陳閔英曾在個人簡介寫下這樣的內容：

> 十幾歲時，我接受著西方教育，同時被迫成為外向的人。但繞了一大圈之後，如今我以內向者本來的樣貌生活著。（略）一有空時，我就會跑到陌生的空間，擁有一段替自己充電的時光。

有些孩子需要擁有無對話的充電時間。我們就別要求他們說話，害他們耗掉好不容易才充滿的電力吧！

先搞笑的人，
在對話中獲勝

玩笑話出於潛意識。

—— 佛洛伊德，《玩笑話與潛意識的關係》 ——

藝人金濟東有句名言：

「聽到一句玩笑話後，對方卻氣急敗壞地撲了上來。」

　　為什麼某人聽到「一句玩笑話」後卻「氣急敗壞地」撲上來呢？這是代表這句話侵犯到對方的某個地雷。對某人來說是玩笑話，對另一人來說卻很致命。雖然諷刺的是，玩笑話就是因此才好笑。

　　說到佛洛伊德時，我們會聯想到「精神分析」；說到「精神分析」，腦中則會自動浮現「夢的解析」。這些都可以說是與佛洛伊德相關的關鍵字，不過佛洛伊德也曾把「玩笑話」視為主要關鍵字，甚至在《佛洛伊德全集》中，就有一本以「玩笑話與潛意識的關係」為主題的厚書。

　　在「解析玩笑話」時，他也用不亞於解析夢境的縝密態度去研究。一般看到佛洛依德的書時，目次都不怎麼平易近人，但《玩笑話與潛意識的關係》的目次卻讓人感到親切。只要看目次，就能知道他把玩笑話看得多透澈、多認真。

　　為什麼佛洛伊德沒有輕忽玩笑話，而是用很鄭重的態度去挖掘呢？關於玩笑話，佛洛伊德的觀點建立在「玩笑話與潛意識密切相關」之上。此外，他還說：

「沒有任何玩笑話是偶然的。」

　　也就是說，潛意識的層面渴望什麼、意圖得到什麼，都藏在許多玩笑話之中。

　　教室經常會有玩笑話來來去去。站在孩子們的立場上，這些是「搞笑的話」、「搞笑的行為」，表面上只需要一笑置之即可，而且也能為班上同學帶來笑料。可是，有時這些玩笑話卻會讓班導師的立場變得左右兩難。尤其是會妨礙上課的玩笑話，站在教師的立場上，這會擾亂到班級的學習氣氛。儘管有的教師能駕輕就熟地以其他玩笑話接招，讓課程回歸正題，但多數人都會被玩笑話牽絆住，並對此大發脾氣：「不要說跟上課無關的笑話，會妨礙上課！」

　　令人遺憾的是，在說出這句話的瞬間，玩笑話中的潛意識遊戲已經分出了高下。主導權跑到了擅於講玩笑話的學生身上，而手中握有「玩笑話」的學生，掌握了每次上課時的權力。

　　在教室的玩笑話中，藏著名為「權力」的欲望。在課堂上開玩笑的理由，表面上是為了為大家帶來歡樂，其中卻隱藏著對教師權威的「抵抗」。站在教師的立場上，既不能把玩笑話當真，教訓同學一頓，卻也不能全盤接受，情況相當隱晦不明。

踩著警戒線輕易闖入的玩笑話，多半是「政治的」，孩子們之所以能這麼做，是因為能以整體的角度看到「真相」，並意識到情況中顯現的「矛盾」。孩子把這種矛盾當成自己的安全裝置，並以「玩笑」的形式表現出來。碰到在這方面是佼佼者的孩子們，甚至會讓人很想送他們「去國會上班」。真希望這些孩子可以好好茁壯，在大韓民國進行搞笑的政治。

有些父母擔憂，孩子搞笑時會不會擾亂上課氣氛，或者被老師訓斥一番。我想告訴這些父母，善於開玩笑的孩子們，在他們潛意識中，具有懂得尊重教師的權威，同時也知道如何挑戰權威的雙面性。若非如此，他們就無法在教室中說出搞笑的話。反而是不懂怎麼開玩笑的孩子，在權威面前會強烈反抗、受到壓抑，或放棄抵抗、選擇順從。

孩子在家時很會開玩笑，逗笑家人，就表示他已經超越了父母的權威。有些孩子還會做出幼稚的表情或嘗試用身體搞笑。媽媽們見到孩子都已經小學高年級了，還是這麼白目，表現得過於孩子氣，所以會要求他們認真一點。但就算不是用言語表達，能用身體搞笑就代表孩子是個才華洋溢的人。他們是以身體來表現，自己碰到一般的挑戰時，有自信不會退縮。

家人之間的對話很重要。眾多教育人士和心理學家都強調，一天至少要持續保留五到十分鐘的對話時間。如果其中還包含了「玩笑話」，這對話就可說是充實的，因為正是在能閱讀對話意涵的前提下才會誕生「玩笑話」。

只要孩子們懂得開玩笑，那就可以先放心了，因為孩子懂得從對話之外解讀真相。假如孩子們不懂得開玩笑，就必須讓他們有發洩的出口，以其他方式來表現潛意識的欲望，

像是畫畫、音樂或運動。但假如少了這些，那麼孩子長大成人，就可能透過各種成癮症狀來消化欲望。現在已經有許多孩子透過智慧型手機來消化潛意識的欲望了，在他們盯著手機的表情中，並沒有「玩笑話」。

但願我們的孩子能成為「搞笑的人」，而不是「氣急敗壞地撲上前」的人。

11

煩躁也是一種對話

啊，煩死了！

—— 厄爾‧希普（Earl Hipp），《我為什麼老是覺得煩？》——

當原本很乖巧聽話、就讀小學的孩子開始發脾氣時，父母就會不知所措，成天擔心受怕。

「我們家的孩子本來那麼乖巧，現在竟然會對媽媽發脾氣，往後該怎麼辦？」

原本就不太聽話、喜歡惹事生非的孩子開始發脾氣，父母的內心就會升起一把火。

「你是有什麼資格發脾氣？」

無論是心生害怕或怒火中燒，背後都藏著對孩子發脾氣的「恐懼」。假如你為了如今會開始發脾氣的孩子而擔心，或為了孩子經常不耐煩而憂慮，那我想對你說這句話：

「不必為了孩子發點脾氣就被嚇到，煩躁也是一種對話。」

事實上，煩躁始於微不足道的小事。他們會像是在最後畫上句點般說出一句：「啊～煩死了！」

這時，父母經常會就檯面上的事情做出回應。

「幹麼為了這種事發脾氣？這種小事要懂得釋懷啊！」

事實上，煩躁並不是全部，背後還隱藏著「壓力」。

當孩子經常發脾氣時，先靜靜地留意是什麼事讓他產生了壓力。「好煩」是一種想要抗拒壓力的潛意識表現。

「啊～煩死了！」
（我現在壓力很大！）

小學時期的壓力，多半源自兩種：

①課業壓力。
②人際關係的壓力。

令人惋惜的是，這兩種壓力幾乎沒有什麼解決之道，因為孩子既不可能不讀書，也不能放棄結交朋友。此時，與其費心消除壓力，應該更優先培養「抗壓力」。假如孩子經常感到「煩躁」，也意味著到了「抗壓力」該升級的時候。

一般而言，父母在孩子產生壓力時會試圖想替他們化解，也就是努力想要除去壓力。但很可惜的是，每次都朝「化解壓力」的方向去解決，對於「抗壓力」沒有什麼幫助。想提升抗壓力，不僅需要維持目前狀態，而且還需要多增加一點壓力。

通常在健身房時，會為了鍛鍊肌肉，讓學員提起或拉住對自己來說有些吃力的器材。反覆進行這項訓練，身體就會產生適當的肌肉，接著再進階挑戰。當肌肉逐漸增生，變得結實有力，就能提起更重的東西。

提起稍微重一點的東西，這就是「真正的壓力」，承受這股壓力，即是靠「有意識的意志」——意識到只要自己能承受住，就能成為「肌肉男」，並帶著意志力反覆練習。

中谷彰宏所寫的《壓力的再發現》中提及，面對壓力時應具備以下心態：

「無論別人說什麼，重要的是我的意識。」

令人惋惜的是，多數父母在這句充滿壓力的「煩死了」面前，卻說：「要提起更沉重的東西是很累、很辛苦的，所以就休息吧！」

孩子的煩躁也因此沒有止息的一天，只要碰到稍微吃力的狀況就會「煩躁」。

當孩子經常感到煩躁時，只要把它視為「鍛鍊孩子的壓力肌肉的時機到了」即可。假如你先前一次也沒嘗試過，那麼從現在開始，當孩子感到煩躁時，就對他多施加一點壓力。假如孩子對一天要解兩頁的題目感到煩躁，現在就準備

三頁給他。

　　你可能會擔憂，假如給孩子更多壓力，造成他彈性疲乏怎麼辦？當然這部分需要注意。不過，這時孩子不會感到「煩躁」，而是會顯得有氣無力。「煩死了」這句話的意思隱藏著「抗拒去做會帶來壓力的事」。抗拒，也要有力氣才辦得到。

　　往後，當孩子說「煩死了」時，希望你能感到開心。只要想成「我們的孩子還有餘力」就行了。沒有什麼對話比這更令人開心了。媽媽只要帶著愉快的心情，採用相同的抗壓提升法，成為孩子的榜樣就行了。

　　「煩死了～」

　　（媽媽也經常因為自己變胖而有壓力。）

　　不要因為煩躁就靠宵夜消除壓力，從今天開始加強運動強度吧！這樣就夠了。

12

稱讚不是對話，是評價！

利用稱讚，它就會變成脅迫。

—— 岸英光，《稱讚會毀掉孩子》 ——

「考試一百分耶，真的好棒。」

（以後也要繼續拿一百分。）

「你分餅乾給弟弟吃呀？好乖，真有哥哥的樣子。」

（以後也要繼續分餅乾給弟弟吃。）

「你都會主動打招呼呢！真是有禮貌的孩子。」

（以後也要無條件地向大人打招呼。）

許多學生家長認為，稱讚可以提升孩子的積極性、士氣和自尊感，但是，我反而認為是在做不好某件事時才能產生提升積極性、士氣和自尊感的機會。碰到失敗時，把它當成過程之一接受，孩子才會感覺到自身的存在。無論成功與否，都以「自己很珍貴」的視線看待，就會產生積極的力量。有句話是這樣說的：

「稱讚不是對話，是評價。」

稱讚之所以不是積極的對話，原因就在於「評價」。某件事「做得很棒」的說法，只不過是對於評價中堪稱「上」的成果表達反饋罷了。

如果想要讓「做得很棒」、「做得不好」的說法跨越評價的層次，變成對話，就必須對過程給予「**情緒上的反饋**」。

「拿到一百分啦？為了拿到這個分數，你一定花了很多時間念書⋯⋯也不能和朋友們出去玩⋯⋯媽媽好心疼喔！」

「考了五十分嗎？看到這個分數，有沒有突然覺得自己很渺小？是不是怕朋友們會看到，所以把考卷藏起來

了？⋯⋯媽媽好心疼喔！」

　　無論是一百分或五十分，站在孩子的立場上，情緒上都
會有煎熬之處。先把這個部分說出來，再依據孩子的回答繼
續對話，「表現得很好就給予稱讚、表現得不好就責備孩
子」的模式就能在此打住。

　　**簡短提及結果，再說出過程中的情緒感受，以此為基礎
延續對話。從這一刻起，對話就開始了。**

　　有許多和「稱讚心理」相關的書籍，大部分都強調「稱
讚」好的一面，肯定稱讚能改變一個人。能改變某人，事實
上是非常危險的言論，這句話的背後隱藏著潛意識的欲望。

　　「我要讓你按照我的想法去做。」
　　「我要讓你按照我的欲望去行動。」

　　內藤誼人的《稱讚心理學》中，第一篇的標題即是：

　　「想要說服他人，就先給予稱讚。」

　　「想說服他人」終究意味著想讓對方依循我的意志去
走，因此使用「稱讚」這個語言工具作為手段。假如你讀這

本書的理由是「想要說服孩子」，那你選錯書了，這本書不會告訴你如何透過對話，讓孩子跟著父母的欲望走。這本書的存在，是為了告訴孩子如何找到自己的過程，目標在於理解隱藏在對話的間隔中錯綜複雜的欲望，並替孩子指引方向，讓他們以自己為主體產生欲望。

我承認，「想要說服子女」時，稱讚無疑是個好方法，但如果想要讓子女了解「以自己為主體的欲望」，稱讚是個差勁的方法。我想這麼形容：

「稱讚是不道德的。」

我這樣說的理由就在於，稱讚是被用來讓孩子按照他人欲望生活的工具。

頌揚稱讚的力量時，經常引用「稱讚能使鯨魚跳舞」的比喻。我不能說，就連這句話都是虛假的，它確實有效果，只是其中有值得我們細細思索之處。

「鯨魚真的想跳舞嗎？」

讓缺乏意願的鯨魚跳舞，這樣的力量確實很驚人，但同

時也導致牠必須過著不像鯨魚的人生。鯨魚想要的是劃過汪洋的水面，穿越遼闊無邊的大海。牠們的夢想在於浩瀚的大海，而不是成為令觀眾捧腹大笑的小丑。

如果想讓我們的孩子成為跳舞的小丑，那就盡情給予稱讚吧！

新手父母的語言習慣

Q. 說話這件事真的很重要。對小學生來說，爸爸媽媽的語言會帶來什麼程度的影響呢？

　　說得極端點⋯⋯它的重要性足以救活孩子，也可能致他們於死地。不過，有些學生家長並沒有察覺語言對孩子帶來何種傷害，小學長達六年的時間，都把負面語言掛在嘴邊。尤其在早晨上學前說出的負面話語，會造成更嚴重的傷害。

Q. 準備上學那麼忙碌，應該沒辦法抽空說什麼好話⋯⋯

　　通常我都會在早上第一個到校等孩子們來，接著當孩子進教室時，就會用眼神跟他們打招呼。這時，有些孩子會迴避我的眼神，或者表情很凝重，那麼我就會趁上午的下課時間悄悄地走過去，問他們早上是不是發生了什麼不開心的事⋯⋯有十之八九都是在上學前，聽到爸爸或媽媽說了傷到他們自尊心的話。

Q. 有什麼話……會傷害到小學生的自尊心呢？

掺雜判斷的說法，像是「你好懶惰，就連一件事也沒辦法做好？大家都乖乖做，為什麼就你這樣？」等不經意說出的話。

Q. 您為什麼會說「即便是相同的話，早上聽到這種話後去上學時，傷害會更大」呢？

好的，大韓民國有百分之七十以上的孩童是屬於內向型。內向型的孩子們，會反覆咀嚼難以釋懷的說法，一整天都想著早上那句令自己受傷的話。就算下課時間或午餐時間和朋友們玩得很開心，那句話也會三不五時跑來折磨他。

舉例來說，孩子在早上賴床了一會兒，被爸爸媽媽說他很懶惰，那麼這句話就會一整天在孩子的腦中打轉。問題是什麼？當孩子一整天反覆想起時，他就會認定自己真的是一個懶惰的人。想讓孩子的傷口復原，需要耗費許多時間和努力。脫口而出很容易，但讓孩子回到原點卻非常困難。

Q. 那麼，晚上就可以這麼說嗎？

　　當然不要說比較好囉。不過，如果是在晚上說，孩子的傷口是有可能復原的。就算爸爸媽媽說了有口無心的話，高年級的孩子仍會有餘力和父母互相爭辯，也就是說孩子有抵抗的機會，父母也能花時間好好向孩子說明。如果父母發現自己說話過重，也能向孩子說一聲「對不起」。不過，如果是在上學時間，就沒有這樣的餘裕，等於是朝孩子的心中丟下一枚手榴彈，接著就催促他趕快去上學。這樣的行為事實上很不負責任，在學校的孩子等於是一整天都扛著這句話。

Q. 看來父母別說傷及孩子感受的話比較好，不然也要盡量避開早上上學的時段。除此之外，請您指出幾個看似微不足道，但父母會對孩子造成負面影響的說話習慣。

　　好的，首先就是「就這麼點小事」、「就為了這種事」的說法。

Q. 這不是日常生活中經常說的話嗎？也不是什麼重話⋯⋯這些話
有什麼問題嗎？

雖然父母沒有意識到，但這是大幅降低自尊感的說法。
當孩子為了朋友、為了課業等煩惱時，會在父母面前表現出
自己的難處，也會說「我不想做」。

事實上，有很多狀況在大人眼中都沒什麼大不了，所以
就會不自覺地說出這種既像是安慰，又像是解決之道的話，
好比「何必為了這種事煩惱？時間久了就會解決了」、「把
這件事忘了吧，何必在意這點小事？」等模稜兩可的說法。
可是，這些話卻會降低孩子們的自尊心。

Q. 這些話感覺沒那麼嚴重呀，為什麼會降低自尊心呢？

因為站在孩子的立場上，這種說法不但沒有解決事情，
而且又導致他無法進行任何反抗。唯有父母先認可孩子的煩
惱事態嚴重，孩子才能站到努力解決問題的位置上。

可是，因為父母認定這件事根本就不構成煩惱，孩子因
此失去了反抗煩惱和擔憂的力量，並停留在被動的位置上。
無論面臨何種問題，唯有在獲得正視問題的勇氣時，才會形
成自尊感，可是父母卻說：「這不是問題。」導致孩子頓失
方向。

Q. 父母還有什麼需要避開的說話習慣呢？

很短的一句話，就是「唉～」。

Q. 這不是在嘆氣嗎？怎麼，父母連在孩子面前嘆口氣都不行嗎？

唉聲嘆氣，或者邊發出嘖嘖聲邊搖頭，都是非常微不足道的行為，但站在孩子的立場上，這會導致他形成「我真的是一個沒出息的人」的形象。

孩子們呢，是靠期待感生存的。就算老是在犯錯、吵架或做得不好，他們仍懷抱著明天可能會發生新的事情，爸爸或媽媽會怎麼認同我、相信我，能和朋友們玩得多開心，以及會被老師稱讚的期待感，但這一句「唉」卻讓這些期待感瞬間瓦解。父母只是沒說出口罷了，這和說出「你不管做什麼事都不會成功」的力道是一樣的。

Q. 那麼，現在換個角度，請您說一下對孩子帶來正面影響的說話習慣。

這件事說難不難，說簡單卻又不簡單，就是當與孩子面對面時，臉上先帶著略帶慈祥的微笑。

Q. 微笑？這應該是表情，而不是說話習慣吧？

　　是的，比起說話，孩子會先觀察表情。無論任何情況，先露出微笑會為孩子帶來莫大的力量。事實上，許多父母不太清楚自己的臉部表情。請嘗試看著鏡子，用平時對孩子說話的語調說一遍，你將會對自己的表情原來如此冰冷木訥、眼神如此毫無情緒起伏大吃一驚。

　　看到孩子，就先露出微笑，這是個看似微小，卻是非常棒的習慣。

Q. 那麼，除了表情以外，還有哪些有助於孩子的表現或行為呢？

　　當孩子有任何情緒表現時，就順著他的脈絡說下去。英熙說：「吼，好煩！」媽媽只要馬上接著說：「妳覺得很煩啊？」就行了。

Q. 就這樣嗎？可是，這樣又不能立即解決孩子的煩躁，不是嗎？

是的，沒錯，事情是不會立即被解決，不過許多父母都會這樣問：「怎麼了？有什麼事嗎？」「你為什麼覺得好煩？」說得好像會立刻替孩子解決問題似的。

但是，就算問完之後，孩子也解釋了感到煩躁的原因，煩躁也不會獲得解決或輕易平復，只會讓情緒轉移到父母身上罷了。那麼，「這沒什麼，何必為此大驚小怪？忘了吧！」的相同戲碼又會再度上演。

往後請改變作法，讓孩子感覺到「爸爸媽媽知道你現在很煩」就好了，也就是跟著孩子的話重複一遍。

反正孩子們也不是真的要爸媽替他解決煩躁的情緒，只是想讓爸媽了解「現在我的狀態是這樣」。還有，**沒人能代替當事人化解煩躁，父母只要察覺孩子的狀態，並告訴他們「爸爸媽媽知道」就夠了。**

Q. 如果要逐一列舉出父母的說話習慣，好像會沒完沒了呢，最後請您做個總結吧！

教育專家林永洙曾在《一天五分鐘，培養媽媽的說話習慣》一書中說：

「孩子身上的驚人奇蹟，始於日常生活中的細微語言。」

假如你希望孩子身上發生奇蹟，那麼很簡單，只要回顧自己的說話習慣並改變它就行了。別忘了，孩子會成為父母口中的樣子。

PART 2

和小學的孩子對話
——實戰篇

第 **4** 章

對話也需要技巧

第四話：
無話可說的家人

英熙，媽媽之前太常對妳發脾氣了，媽媽保證以後不會再對妳發脾氣。

真的嗎？真的不會發脾氣嗎？

當然，媽媽不會生氣的。不過有個條件，就是妳要對媽媽說實話。

好。媽媽，其實我和英哲（跟爸爸長得很像的男生）在交往。

什麼？不行！

妳不是說，只要我說實話，就不會發脾氣嗎？！

絕對不行！

妳還乾脆不要講，世界上有些事是絕對不能原諒的。

13

對話靠的是坐得久

睡前，是所有人變得坦誠的時光，

同時也讓媽媽得以用最殷切的心情，

與孩子們談論一天中令他們受傷的事。

—— 李英愛，《睡前十五分，和孩子共處的時光》 ——

「恆毅力（GRIT」）是美國心理學家安琪拉・達克沃斯（Angela Duckworth）提出的概念，每個字母分別代表成長（Growth）、恢復力（Resilience）、內在動機（Intrinsic Motivation）和毅力（Tenacity），GRIT 也同時代表了投入一切、堅持到底的力量。實際上，她所寫的《恆毅力：人生成功的究極能力》[1]透過許多客觀的案例，展現了成功地完成一件事，或者通過最後一個關卡，扮演決定性角色的即是「熱情和毅力」。

　　高中時考全校第一名的學生們都有個共同點，就是用屁股讀書。他們就像在參加「看誰坐比較久的比賽」般，每天很有毅力地持續坐在椅子上（大約是十二小時以上）。

　　從小學、國中到高中為止，不是所有當運動選手的孩子都能獲得世人認可，占有一席之地。他們會受傷，也會基於前途不確定性等各種變數而中途放棄。即便很晚才開始奮發圖強考大學，又或者即便起跑點比別人晚很多步，仍有些學生考上了知名大學。他們所說的祕訣要比想像中單純，就是只要長時間坐著就行了。對於一天要竭盡全力跑十小時的運動選手來說，「靜靜坐著」不是什麼太難的事。

1　天下雜誌出版。

持之以恆、完成某件事的「恆毅力」，在小學的孩子身上也同樣適用。有時看到那些把所有科目的作業都完成的孩子們，我就會產生彷彿能看見他們未來的錯覺。實際上在他們畢業幾年後，也都聽到了他們考上英才高中、科學高中等特殊高中或名門大學的消息。

　　這時，我就會想起那孩子在小學時靜靜坐著的模樣。他們都有個共同點，就是經常和班導師對話。這裡所說的對話，並不單指和課業相關的話題。從自己的苦惱、和他人之間的關係、生活習慣等很廣的主題，乃至於微不足道的小事，他們都會像個好奇寶寶般隨時發問，與老師對話，甚至有時他們會絮絮叨叨地說個沒完，讓老師覺得快被煩死了。

翻閱和這些孩子的面談紀錄和學生家長的面談紀錄，其中還顯現一個共同點，就是即便生活忙碌，他們仍會刻意（有意識的）保有親子相處的時間，同時很自然地有了許多對話的機會。

　　近年來，為了加強對孩子們的人性教育，會強調「飯桌教育」、「一天十分鐘對話」等方式。確保對話時間是其中的關鍵。就算聽了再多與對話方法相關的演講、閱讀再多教材，只要實際對話時間很少，就不具任何意義。

　　猶太人之所以具備能達成驚人成就的恆毅力，在於他們與家人之間的對話時間明顯要比其他民族多。儘管宗教傾向多元，但他們有《妥拉》[2]和《塔木德》[3]。猶太人必須在固定的時間、固定的場所與家人齊聚一堂，根據《妥拉》和《塔木德》的內容進行對話。

　　我們通常會在家中這麼說：

　　「你必須讀很多書。」

　　猶太人則是說：

　　「你怎麼看待《妥拉》出現的這個句子？」

　　「《塔木德》裡面是這樣解決這個問題，如果是你，會怎麼解決？」

2　《妥拉》（Torah）：上帝給以色列百姓的一套「生活指南」，是猶太文化的核心，又稱《摩西五經》。

3　《塔木德》（Talmud）：猶太教的宗教文獻，記載其律法、條例和傳統。

他們不會要孩子讀書，而是和孩子一起討論書本內容，這是很大的差異。

就某個主題增加一起對話的時間，孩子就會自然而然地認知到，最好的辦法就是不中途而廢、堅持到最後，還有即便面對看似無解的情況，也不停止思考。與孩子對話的時間愈多，他們的恆毅力就會跟著升級。

最近經常見到令人感慨萬千的場面。一家人在餐廳或咖啡廳，甚至是大家一起去了旅遊景點的別墅，彼此卻沒有任何對話。孩子只顧著滑手機，父母也同樣各自看著手機。所有人都在場，彼此的心卻是分開的。「大家都這麼忙碌，還一起在外頭用餐，這樣就夠了。」這只是形式上的團聚罷了，其中毫無對話。孩子們也沒有形成恆毅力，他們只忙碌地移動手指，隨時尋找、觀賞有趣好玩的 Youtube 影片，「堅持不懈做到最後」對他們來說是很遙遠的事。這些孩子只是尋找短暫的消遣，隨時改變關注對象罷了，就連坐下來好好閱讀一本故事書的毅力都沒有。

想和孩子對話、想透過對話分享人生，在規劃一日行程表時，就必須先把對話時間排進去。以家人為優先的第一順序，就是確保大家一起坐下來對話的時間和地點。少了這件事，就算熟習再多對話方法，也不過等於擱置在書架上的一

本書，要不了幾年，它很可能就變成固定的裝飾品。

　　某教育相關財團針對高中生的對話實際情況進行調查。碰到「會不會跟父母說我的煩惱」這題，有 36.8%回答「不會」，回答「偶爾」的學生為 45.6%，「經常」則只有 17.6%。

　　時間沒剩下多少了。假如你的孩子目前就讀小學六年級，那麼我希望他在三年後升上高一時，也會在這 17.6%的學生之中。但願你能記住，在缺乏日常對話的環境中，孩子不把自己的苦惱告訴父母，是極為理所當然的事。

　　「對話靠的是坐得久（持之以恆）。」

14

不行的就是「不行」

如果你不制止，欺凌就會持續下去。

—— 鄭文正，《微笑面對無禮之人》[1] ——

1　采實文化出版。

孩子們會累積貫徹自身欲望的經驗，甚至到讓人害怕的程度。只要讓他們置身類似的環境或情況下，他們就會明目張膽地使用那個方法。具代表性的例子就是他們不靠對話，而是靠耍賴達到自身的目的。當這個方法奏效，孩子成功獲得玩具後，就會擴大應用的範圍。冰淇淋、餅乾、智慧型手機、遊戲機、外食菜單、衣服、運動鞋等，清單無窮無盡。書當然也不念了，各種想要擁有的東西取代書本，在孩子的手上來來去去。碰到這種時候，嘗試長時間對話反而會帶來反效果，就算對孩子解釋各種道理，到頭來也是徒勞無功。

　　「買給我！」

　　（不管，我就是要這個——不由分說地耍賴）

　　「其他人都有！」

　　（我也非有不可——提出合理藉口）

　　「討厭！」

　　（不買，我就會繼續討厭爸爸媽媽——進行威脅）

　　「只有我沒有，害我抬不起頭！」

　　（我快憂鬱死了——刺激情緒）

　　「只要有了它，我就會超級開心。」

　　（因為沒有它，我現在很不幸福——提出有條件的幸福）

基本上，想讓對話發生，彼此就必須具備進行協商的姿態。協商是調節欲望的過程。如果擺出必須無條件貫徹欲望的姿態，這時需要的不是對話，而是《孫子兵法》。

　　《孫子兵法》的核心，在於打一場起碼不輸的仗。最具代表性的方法就是速戰速決。在此，「猶豫」是不必要的要素，需要的只有一句話。

「不行的就是不行。」

（對話結束！）

　　當孩子們使出各種耍賴的話時，多數父母都會感到不知所措。此外，如果有其他兄弟姐妹時，孩子就會以「爸媽大小眼」為由提出要求。

「為什麼就買給哥哥，不買給我！」

（一定是因為比較不愛我！）

這時，用稍帶強硬的語氣告訴他：

「等你十二歲時，就會買給你，再等兩年就好。」

　　排行老大的孩子也會提出要求。

「為什麼他可以，我就不行？」

（是不是比較疼弟弟妹妹？）

碰到這種時候，就語帶輕柔地對他說：

「你三年級了……該不會要跟一年級的小朋友玩一樣的吧？」

父母不能忽視孩子們的欲望，更不該被孩子們的欲望操控，毫無原則地有求必應。有些欲求可以被滿足，有些可以稍微延宕，也有些是萬萬不行的。無法做出判斷時，暫時先延遲會比較好，假如孩子要賴，就毫不猶豫地宣告「NO」。

別忘了媽媽的手中握有黃牌與紅牌。某些時刻需要對話，有時也需要提出警告和退場。想靠「對話」化解所有狀況，無疑是過於貪心。對話中潛藏著無數欲望的追求，也會提出合理化的理由，但背面卻有要賴、威脅的過程來來去去。要是這個過程太過冗長，等到真正需要對話的瞬間，媽媽早已能量枯竭。

對話時，大腦會消耗許多能量，所以大腦討厭對話。比起對話，耍賴的孩子會不自覺地持續選擇簡單的方法。當他在家中形成固定模式之後，孩子在學校時也會堅守同一方

式，導致人際關係難以維繫，孩子也會更執意地使用耍賴不講理的手段。

　　想要培養孩子的對話能力，當他們耍賴時，不要和他們對話。當他們堅持使用簡單的方法時，你只要說兩句話。

　　「NO！」

　　「NEVER！」

　　別忘了，對話並非時時必要。

15

對話時，不要變成情感操縱狂

有人在操縱我。

——羅蘋・史騰（Robin Stern），《我以為都是我的錯》[1]

1　平安文化出版。

心理學家羅蘋・史騰提出了「情感操縱（gaslighting）」的概念，指的是「親密關係中發生的情緒虐待」。受害者不知道自己成了被操縱的掌中人偶，自我隨著時間逐漸消失，情緒上顯現出疲態。

問題在於加害者（情感操縱狂，gaslighter）是關係極為親密的人，因此受害者無法輕易抵抗，也很難察覺到。情感操縱狂會使用非常不道德的方法，利用對方的共鳴能力，使其成為情緒上的奴隸。令人沉痛的是，許多孩子擁有豐富的共鳴能力，卻遭到親密養育者的隱形「情感操縱」。還有，情感操縱狂使用的對話力要比想像中更高水準，不僅無人察覺到他們的操縱手法，反而還會對過程加以讚揚，甚至蔚為模範佳話口耳相傳。

情感操縱者會不自覺地使用這種代表性對話：

「媽媽不是說這樣做會受傷，要你小心嗎？」

（你現在會受傷，是你自己造成的，都怪你不聽媽媽的話。往後無論碰到什麼事，都一定要聽媽媽的話，這樣才會平安無事。）

「看到你受傷，讓媽媽很傷心！」

（你被犧牲無所謂，但不能害媽媽因為你受苦，這是一種罪，知道了嗎？）

「爸爸媽媽辛苦工作，都是為了我們一家人。」

（為了家人，就算辛苦，你也要盡自己的本分念書，現在不是交男女朋友、玩耍的時候。）

　　情緒操縱狂不會有暴力的言行舉止，他們會像是溫柔親切地解釋般，說話時輕聲細語。從表面看來，他們似乎很善於傾聽孩子的話，但實際上並非如此。這些人會引發孩子的情緒性感受，誘導他們服從父母，讓他們以為自己的誕生就像愛國般，是為了遵照父母的意思。孩子的情感逐漸枯竭，成了時時必須試圖理解的孝子，同時下定決心：

「我不能傷媽媽的心。」

　　具有自戀傾向的父母，尤其會扮演「情感操縱狂」的角色。他們的重心放在自己身上，父母的視線不是朝著孩子，而是使孩子看向父母。這就和傳球時不看對方的手法類似。孩子看著父母的指尖動作做出反應，父母則像是要孩子接下自己的背包般，悄悄地把某樣東西推給孩子。孩子迅速地跑過來扛父母的行李，但在這過程中，情感操縱狂不會受到任何良心的譴責，因為他很習慣享受這個情況。

如果不想變成情感操縱狂，就必須和孩子進行「為自己使用情緒」的對話。

「你跌倒啦？一定很痛。流血了耶，你一定很害怕。不過傷口並不深，媽媽替你消毒，會有點刺刺痛痛的喔！」

（如果覺得害怕，哭出來也沒關係，媽媽會陪在你身邊，替你治療，媽媽會陪伴你。）

「媽媽也很心痛，但真正辛苦的是你。媽媽並不埋怨你，不必擔心媽媽。」

（這個情況也讓媽媽痛苦，但需要接受安慰的人是你，不是媽媽。）

「爸爸媽媽會這樣說，是出自我們的責任。雖然一方面是為了家人，但也是為了各自的成就。比起為了父母做什麼，你要自行去尋找想做的事。」

最惡劣的情感操縱狂，就是在孩子心中植入罪惡感。

「爸爸說過吧？就是因為你這麼不聽話，媽媽才會老是生病。」

「你讓媽媽這麼傷心，要是媽媽生病了怎麼辦？沒有媽媽，你活得下去嗎？」

伍德哈爾領導研究室（The Woodhull Institute for Ethical Leadership）的創辦人內奧米・沃爾夫（Naomi Wolf）曾在羅蘋・史騰的著作《那並不是愛》的推薦序中描寫一個孩子的遭遇。

孩子很努力想要理解父親。

萬一我們的孩子很努力想理解爸爸媽媽，抑或是身為養育者的爺爺奶奶，這表示他已經成了情感操縱狂的代罪羔羊。孩子們也需要在親密關係者的保護下盡情感受自己的情緒，與此同時，一步步找到「自我」。

孩子並不是理解父母、安慰他們的人，他們同樣是具有主體性自我，是踏上旅程尋找「我是誰」的人。養育者只不過是暫時照顧他們，讓孩子得以在安全的羽翼下思考這件事的人罷了。

16

即時行動
比對話更重要

不要試圖去教導孩子，

要對孩子的眼神和話語做出反應。

這時，孩子成長得最快。

—— 金廷美，《別試圖教導，要做出反應》——

　　英洙不太懂得跟朋友們對話。不只是朋友，即便是想和其他人說上一句話，他也要考慮好幾次。最後，他就不敢開口了。直到有人友善地靠近，對他產生興趣，他才會慢慢敞開心房，開始對話。雖然父母或班導師會建議他主動接近其他朋友，試著攀談，但英洙總是感到有障礙。扭扭捏捏到最後，他選擇了一個人靜靜地坐在座位上看書。

不太了解英洙的大人看了，會以為英洙是個喜歡獨自看書的老實學生，但英洙真正想要的不是獨處時間。在他的內心，總是希望能和某人變熟，和對方一起玩耍。那麼，他就需要很自然大方地主動攀談，適時地加入對話，但這對他來說卻造成了莫大的負擔。最後他選擇一個人，選擇逃避。把書擺在自己面前不過是一種偽裝，他是在向周圍傳遞「我喜歡一個人看書，所以不跟其他孩子玩耍」的虛假自我形象。

　　以這樣的情況來說，無論是在家庭或教室內，看起來都沒有任何問題。英洙不過是個稍微欠缺口才，把獨自看書當成良好興趣的孩子罷了，可是有些事逐漸為英洙帶來了壓力。孩子們要比大人們所想像得更不客氣，他們以自我為中心，把焦點放在對自己有好處的事情上。在這過程中，自然會有對英洙很不客氣的孩子，而英洙則是經常驚慌失措地不知如何開口。

　　像英洙這種猶豫著該說什麼，無法適當表達想法的孩子，很容易變成遭到霸凌的對象。

　　有一次，英洙去了廁所，和哲秀撞個正著。哲秀正要走出廁所，而在狹窄的門口撞見英洙的哲秀，像是在喃喃自語般以細微的音量罵道：

　　「ㄍㄢˋ！擋什麼路，為什麼偏偏在我出去時跑進來啊！」

換作是一般的孩子，碰到這種情況，一定會生氣地質問哲秀為什麼罵他，兩人大吵一架，但驚慌不已的英洙卻什麼都不敢說，只是閃到一旁，等著哲秀通過。事實上，這種事已經發生了不只一次，也不是只有哲秀這麼做，其他孩子也用類似的態度對待英洙。孩子們知道，反正無論他們說什麼話，英洙都無法回嘴，因此總是不把英洙放在眼裡，把他當成自己的情緒垃圾桶。

　　後知後覺的英洙，之後才曉得這些話不恰當，默默地一個人消化怒氣。隨著這些事情漸趨頻繁，內在的憤怒在想像中變本加厲，他開始產生想要狠狠地揍某人的衝動，實際上，他也在夢境中拿著銳利的剪刀刺傷某人。

　　頭幾次碰到這種事時，英洙告訴了媽媽。媽媽是很忙碌的上班族，她告訴英洙的解決方法是這樣的：

　　「哲秀罵你時，你要瞪大眼睛問他：『你為什麼罵我？』如果不追究，他就會一直這樣。知道什麼意思了嗎？就是因為你像個傻瓜一樣什麼都不說，哲秀才會欺負你啊。」

　　隔天，英洙去上學了。發生類似的情況時，他依然什麼話都說不出口，接著他開始自責：

　　「我為什麼像個笨蛋一樣，都不敢說出來？」

許多學生家長認為，碰到這種情況，要讓孩子自行做出適當回應，孩子才能擁有人生的自我主導權，所以在對話中施加威脅，試圖讓孩子親自解決問題。

但是每個孩子的情況都不同。對於像英洙這麼內向，不敢輕易向其他人攀談的孩子來說，要求他挺身對抗，是根本就不可能達成的挑戰。過去，除了靜靜地與書對話，英洙幾乎不曾做其他嘗試。像英洙這種不擅長對話的孩子，主要會集中在兩件事上──看書或看手機。相較之下，看書似乎好一點，但兩者的自我存在感都同樣很低。

得知孩子在學校成了不折不扣的受害者時，父母的反應不該是「你自己解決」。這並不是和受害的子女對話的好方法。聽到我們的孩子受到傷害時，對話方向應該是和他站同一陣線，對這個情況感到憤怒。

「竟然有人這樣欺負你，真的是壞孩子。這樣不行，媽媽會去跟班導師說一聲，避免這種事再度發生。」

接著，隔天就要馬上打電話給老師，告知情況。班導師會確認是否真的發生這種事，一旦情況屬實，就應該要求對方道歉。如果只是覺得孩子們難免會說點髒話，要自家的孩子也罵回去，讓他自行對抗，試圖用簡便省力的方式解決問題，這不過是在耍小聰明罷了。

確認我們的孩子成為受害者時，要避免讓孩子自行解決。要是他有自行解決的能力，也就不會成為受害者了。當然，孩子是必須要具備主動解決問題的能力，但在身為受害者的情況下，要求他培養出這種能力，等於是在他身上加諸殘酷的負擔。孩子需要自行站起來，但同時也應該受到保護。當他感覺到自己身上有保護罩時，他就會擁有靠自身意志站起來的勇氣。

　　作家艾倫・狄波頓（Alain de Botton）曾在著作《焦慮》中如此描寫孩子長大成人的過程。

　　「成為大人，意味著我們在冷漠的人與俗物支配的世界中占有一席之地。」

　　有時，孩子很難獨力在由冷漠的人與俗物支配的教室中保有一席之地。**碰到需要父母的保護罩時，停止對話，即刻採取行動，才是最佳之道。**

知道小學的孩子初次告白時

Q. 「小學生的初次告白」，這是指「我喜歡你」的那種告白吧？
我突然想起了小說家黃順元的短篇小說〈雷陣雨〉，尹超時家
的曾孫女朝著少年丟了顆小石子，一邊說著：「笨蛋」的畫
面，還有撿起那顆小石子，默默地放進口袋的少年……其實我
覺得那是對彼此「告白」的場面。最近的小學生們都是怎麼表
達喜歡對方的心意呢？

最基本的，就是趁其他同學不注意的時候，把巧克力、
娃娃或情書等放進喜歡的人的置物櫃或抽屜。通常都是偷偷
送禮物給對方來表達自己的心意。

Q. 其他同學都在教室，要怎麼偷偷把東西放進對方的置物櫃呢？

方法有很多。有些同學會趁大家都在體育或音樂教室
時，跟老師說要去上廁所，然後跑回教室，把禮物放進置物

櫃。也有人一大早就到學校，趁同學們到校之前把禮物放進去。還有學生在面談時拜託我幫忙的。

「老師……我……喜歡哲秀，請您趁大家不在的時候，幫我把這封信放進哲秀的置物櫃。」

「老師……請讓我和炯民坐同一桌，但不要問我原因。」

Q. 還有孩子要求坐同桌的啊？這時該怎麼做呢？真的讓他們坐同桌嗎？

對，我會讓他們坐同桌。同學都鼓起勇氣拜託我了，身為班導師，這點請求當然要答應了。其實，就算小學生有了喜歡的異性，但要對第三者訴說是相當困難的事，如果不把這當成一回事，一句微不足道的話可能會比想像中造成更大的羞恥感。

Q. 可是，如果隔天馬上就說：「英熙和哲秀坐同一桌」，這樣其他同學不就都知道了嗎？他們應該會覺得，他們兩個八成是互相喜歡。

沒辦法這麼明目張膽地換桌。就我們班來說，一個月會

換一次座位，平常是靠抽籤來決定座位，這時我就會讓他們坐同桌，這樣就能順水推舟，讓同學如願。

Q. 可是，要怎麼用抽籤讓英熙和哲秀坐同桌？

啊……真是的，這可是商業機密呢！不知道能不能說……一般都會在冰棒棍寫上名字，同學抽到誰就跟誰坐同桌。我會事先告訴英熙，第三根冰棒棍上寫著哲秀的名字，那麼等到抽籤時，英熙就會迅速跑到前面，率先抽起第三根冰棒棍。我要借這個機會說一下，假如有曾經是我們班的學生在讀這本書，還請大人大量地原諒老師用這種不公正的方式抽籤……還有我會開誠布公地說，有勇氣告白的同學們，隨時都可以更換座位。

Q. 事實上，到小學高年級左右時，不是會很關注異性，對異性充滿好奇心嗎？明明喜歡誰又不是什麼壞事，為什麼要極力隱藏，怕被其他人知道呢？

表面上看起來是因為害羞，但實際上是因為害怕。

Q. 害怕？感到害怕⋯⋯是因為怕被拒絕嗎？

　　對，沒錯！從提筆寫一封情書、挑選禮物開始，當事人一定苦惱了無數次。我把這份禮物交給對方時，他真的會喜歡嗎？他會不會覺得討厭？假如他討厭我，還有如果其他人知道這件事後四處張揚⋯⋯當事人會覺得自己沒辦法承受這一切。

Q. 其實在大人的眼中，只會覺得這種過程很美好，好像不是什麼太嚴重的事，但站在孩子的立場上，似乎對於表達自己的心意很有壓力。兩性教育非常重要，關於初次告白，有沒有必須告訴孩子的事項呢？

　　應該要教導有關初次告白的禮儀教育，建議在四年級左右告訴孩子。

Q. 初次告白的禮儀教育？請您再說詳細一點。

　　事實上，初次告白會在意想不到的時間和地點被公開，像是翻開課本時，突然出現了包裝很精緻的巧克力，這時同桌的同學就會大喊：

「哲秀收到巧克力了！」

事發突然，哲秀也一定很慌張。其他小朋友會咚咚咚地跑過來，要哲秀跟大家分享巧克力，還會吵著問說情書是誰寫的。這時，初次有這種經驗的當事人，會糊里糊塗地把巧克力分給同學，或者犯下在座位上打開情書的失誤。

所以，如果我在學期中發現有同學情竇初開，我就會事先公告，如果收到禮物或情書，不要拿出來公開炫耀，要先在書包裡收好，等回家再打開看。我告訴他們，這是對於對方表露心意的一種謹慎與體貼。還有，其實下一步更重要。

Q. 您說這部分更重要，看來就是今天的重點了呢！下一步應該怎麼做呢？

要告訴孩子，初次收到告白時，要靜靜地檢視內心的情感，給自己一段時間，分辨自己喜不喜歡送禮物給我的朋友。如果自己也有意思，只要準備一份有誠意的禮物或情書作為回答就行了；但如果沒有意思，在向對方表達對禮物的感謝之餘，也要鄭重地表示：「我不喜歡你」。偶爾會發生當事人帶著「我甩了他」的表情，導致對方透過其他朋友輾轉得知的情況，但父母必須告訴孩子，這種行為對告白的對象很不禮貌。

Q. 小學生對異性告白，這真是出生以來初次告白呢！這一刻應該要比任何時候都更緊張萬分才是……但聽說有些孩子會大大咧咧地公開表示自己的心意，這是真的嗎？

雖然不是經常發生，但的確也有公開表白的孩子，甚至在同學們的面前送禮物給對方。也有透過通訊軟體或社群網站公開表示喜歡某人的同學，不過其實我會盡可能教育孩子，避免使用這種方式。

Q. 表達自己的心意並不是壞事呀，要他們避免公開的理由是什麼呢？

有兩個理由。第一，不是所有孩子的發育程度都相同。表達自己喜歡某人的心意並沒有錯，也不是什麼丟人的事，但有很多孩子會拿這件事來捉弄當事人，或者大肆宣傳，因為他們還不成熟。

第二，同樣是替對方著想，因為我並不知道，自己喜歡的那個人會喜歡這種被公開的情況，又或者是感到丟臉，所以可以先透過小心翼翼的告白來確認彼此的心意，等確認心意之後，再決定要公開地送禮物和寫情書、要一起在學校的

遊樂場一起玩捉迷藏或溜滑梯也不遲。

Q. 呃，都已經確認互相喜歡了，接下來還要玩溜滑梯？好像……
突然回到了幼兒園時期的感覺耶！

　　互相喜歡的情侶，就算只是一件很小的事，兩人也會感到幸福洋溢。孩子也一樣，明明溜滑梯時只要走樓梯就行了，他們卻偏偏要走斜坡，牽著其他朋友的手。嘴上說是在玩綜藝節目 Running Man 的遊戲，可是卻很奇怪地只抓著自己喜歡的朋友跑來跑去。他們就是這樣，這種情景也讓人覺得很可愛。

Q. 家中有小學高年級孩子的學生家長，可能要開始東想西想了。
如果學生家長必須留意一件事，您會說什麼呢？

　　有時父母會察覺子女開始喜歡某個人，因為孩子突然變得很在意外表，而且明明也沒有要念書，卻一個人在房間寫信和包裝東西。這時，我希望父母不要說這樣的話：「你明年就升國中了，接下來也很快就升高中。男朋友（或女朋友）等你上大學再交，知道了嗎？」

　　請避免說這樣的話。希望你能告訴孩子，自己可能會被

拒絕，也有權利拒絕，要帶著禮儀確認彼此的美好心意。當然，也要明確地告訴他，目前他仍受到學生身分的限制。

Q. **關於小學生的初次告白，請您做個總結吧！**

知道就讀小學的孩子有喜歡的異性時，父母雖然一方面覺得很可愛，但其實卻心懷恐懼。希望父母不要因為內心的恐懼而施壓，不讓孩子有表白的機會。遇見認同、凝視自己的理想伴侶，兩人一起走下去，是人生中非常重要的課題，可是這種能力不會在三十歲時突然產生。在小學時期向某人告白、慘遭拒絕或接受對方的心意、互相表達情感、經歷一起玩耍與爭吵的過程，都是在練習找到理想的配偶。身為父母，只要去關心、觀察他們該怎麼練習就行了。

第5章

媽媽的對話
具有強大的力量

第五話：
無話可說的家人

是啊，世界上不存在玩笑話，玩笑話的底下，都藏著潛意識的深層欲望，我也來了解一下英熙的潛意識有什麼欲望吧！

英熙～妳知道什麼有趣的玩笑話嗎？

我不太開玩笑，我比較喜歡事實轟炸。

事實轟炸？那要怎麼說？妳試試看。

我要和英哲（和爸爸長得一樣的男生）交往，我喜歡英哲。

那媽媽也說個事實轟炸妳一下。

欸？是什麼？

妳一定會終生後悔！

17

對話可以提升學習力

稱讚孩子時,不應該稱讚他天生的才能,

而應該具體地針對他此時的努力給予高度評價。

—— 中室牧子,《學力經濟學》 ——

一般來講，課業優異的孩子都有很棒的讀書力，用更專業的說法，會說他們具備「自我主導的讀書能力」。讀書包含在自主學習內，所以我個人比較偏好「自學力」的說法。

　　所有父母都很關注孩子的課業，雖然有程度上的差異，但「希望我們家的孩子會讀書」的期許，全面占據了父母的潛意識與意識。

　　可是，小學時期的課業方面，最重要的不是成績評量的結果。光靠成績評量，很難判斷自家的孩子是否具備長期的學習能力。**重要的是培養「自學力」。**如果沒有在小學時期形成自學力，一輩子都會受到影響，就算到了高中時期，想要定下心來念書，也會困難重重。

　　沒有形成自學力的孩子，無論是上了大學、長大成人、在公司上班、做生意或當短期實習生，都無法擴大自己在專業領域的能力。為了在最後期限千辛萬苦地完成被交付的工作，他必須焦頭爛額地生活，而克服這種情況的力量，全取決於「自學力」。

　　令人遺憾的是，大部分放棄課業的學生就這樣從高中畢業了。基於這個理由，在小學時期形成自學力，對一輩子的生活品質來說至關重要。

　　小學時期的自學力無法靠考試結果來判斷。因為無論是

否具備自學力，只要多寫寫作業、多解幾道練習題，考試結果就會隨即有起色。但過了小學時期，在升上國中、高中之後，學習的範圍和深度有明顯的落差。當學生沒有形成自學力時，光靠頭腦死讀書，很難跟上中等教育。

考進特殊高中的學生中，有相當比例的人是從小學就開始準備，這件事早已是公開的祕密。關於這種現象，引發了諸多批判聲浪。批判的理由之一在於過度的先修課程，以及為此支出的補習費過多。不過，我們也有必要試著從其他角度去看。

那麼，所有考上特殊高中的學生，全都因為過度的先修課程而陷入不幸、無法形成正直的人格嗎？並非如此。他們大部分都對自己感到很自豪，甚至很享受讀書的過程。對他們來說，先修課程並不是過度學習，而是一種填滿無窮好奇心的過程。**硬是被逼著念書，所以讀得很痛苦的孩子，以及享受學習的過程，想要精益求精的孩子，差別就在於「自學力」。**

哲秀和英秀，從指標上來看，兩人都很會讀書，遂行評價[1]都是滿分，課業成績的評價也都拿到最優等。雖然英秀不知道什麼是特殊高中，但我對他的母親說，希望英秀能為考特殊高中做準備，但我卻勸阻哲秀的母親，不要朝這個方向

1　根據學生的學習過程和結果給予評分，評價方式包括論述型考試、口述考試、實際操作考試、研究報告等。

發展。雖然表面上看到的成績都相同，但我分別針對他們提出了不同的未來方向。

有個決定性的原因，就是哲秀缺乏自學力，而英秀則具備了自學力。這種自學力的差異，會根據父母採取何種方式對話而不同。**培養自學力的對話，關鍵在於「以過程為重」。**

「以過程為重的教育」會對小學生的自學力造成莫大的影響，它能持續提升孩子的自學力。而以結果為重的教育雖然能在短時間取得成績，但從小學、國中到高中，長時間累積的真正實力，會在「以過程為重時」發揮力量。

運用「以過程為重」的教育帶領孩子時，其中一個很好的方式就是對話。根據以何種語言去理解「學習」這件事，會決定孩子的自學力是否只以結果為重心，又或者能以過程為重心，堅持到最後。語言的差異微乎其微，卻會對自學力造成極大的影響。

對話中對自學力影響甚深的即是「比較」。一般我們都會用負面的視角看待學習上的比較，但在自學力的培養上頭，「比較」是必須的，因為這讓孩子知道自己的位置所在。只不過根據怎麼進行比較，有可能形成以結果為重的負

面學習觀，抑或是以過程為重心的正面自學力。請仔細地比較以下框內的內容。

以「結果」為重心的比較式對話
①有幾個同學拿到超過九十分？
②很棒，你的分數要比隔壁同學高喔！
③下次再加把勁，考到九十五分，這樣就第一名了。

以「過程」為重心的比較式對話
①一個月前，你背九九乘法表時還零零落落，現在背得很熟囉！
②你之前很用功，但最後都只顧著滑手機喔！
③在你看來，過去一個月準備考試時，你有沒有盡全力？

根據如何進行比較，就會顯現「自學力的差異」。框內提及的「比較式」對話的差異點，就在於「比較對象」。如果是和他人進行比較，這即是以結果為導向的對話。經常聽到父母說這種話的孩子，只要達到設為目標的成績，或者超越競爭對象時，就不會再花任何精力在學習上。他們的自學力總是有期限的，而且經常中斷。

如果比較對象是「自己」，這就成了以過程為導向的教育，尤其是藉由比較過去和現在的自己，以客觀的角度替孩子分析兩者的狀態，將有助於孩子形成自學力。由於他們的競爭對象總是「自己」，所以不會消失。也因為必須比過去的我更好，而未來的我也要比現在的我更進步，所以這會持續地賦予動機。

　　想要持續培養孩子的自學力，就不要拿孩子和他人進行比較，而是告訴他，把不同時間點的自己（過去的我 V.S.現在的我 V.S.未來的我）拿來做比較。聽到這種說法的孩子，就會很自然而然地回顧過程，並擁有想要提升自己的欲求，而這就是賦予動機。

自學力的出發點，始於帶著客觀的眼光，去比較「過去和現在的我」的對話中。恭喜孩子超越多數人、拿到了第一名，這無助於孩子形成自學力。這句話將會成為信號彈，導致潛意識的欲望大搖大擺地展現出「既然已經達成目標，我現在可以停下來休息了」的模樣。

18

愈講求民主，
對話就愈冷淡

可愛的聖誕頌，我真不知道該怎麼度過聖誕節。

往後的六個月，將會是政治上非常困難的時期，

最要緊的莫過於失業問題，

但我們會克服這個問題的。

—— 烏蘇拉・努貝爾（Ursula Nuber），《心理學如此訴說童年》——

培養民主的市民，是小學教育的目標之一，「對話」則是引領孩子具備民主市民的意識，並依此做出行動的基本方針。透過對話，先從教導孩子以民主的方式解決碰到的問題。蘊含在這過程中的基礎，即是「人類在利益面前具有政治傾向」的事實。

　　對大人們來說，提起「政治」時，會很自然地想起國會議員為了政黨利益而「隔空對罵」的畫面，但對孩子們來說，「政治」指的是在遊戲中打造我的戰營的過程。在小學教育中，「政治」的意義，是以民主的對話解決對立問題的過程。

　　很可惜的是，在孩子們的學校生活及家庭中的民主式對話，都不過是表面上的協議。雖然不得不以民主過程的名義進行，實則卻是遵從周圍的主要趨勢、不公正的「服從」罷了。**在家庭中，愈是努力想以民主的方式找到共識，父母和孩子的隔閡就愈深。相較於對話中的民主程序，孩子真正想要的，是父母全心全意地在乎自己，即便忽略程序也無所謂。這一刻，孩子才會感覺到自己受到保護與關愛。**

　　大部分的對話都不是合理的理性結果，而是受到情緒性與非理性的判斷左右，同時用民主的名義加以包裝。唯有脫下這層包裝，察覺坦誠的情緒時，這一刻，真誠的對話才會開始。

「媽媽，你為什麼買智慧型手機給哥哥，不買給我？」

通常這個問題的第一層想法，是「媽媽也買智慧型手機給我」。大部分的人都會察覺到這點。接著，媽媽會守著「不買智慧型手機給孩子」的第一條防禦線上，並且說：

「等你像哥哥一樣升上六年級，媽媽就買給你。」

某種程度上懂得等待的孩子，聽到這句話後，只能莫可奈何地打退堂鼓，接著等他升上六年級時，便順利拿到了智慧型手機。孩子在這段時間內耐心等候，站在父母的立場上，算是相當輕鬆省力的了，因為父母多半會禁不起孩子的糾纏，在那之前就買手機給孩子。

我們有必要進一步分析弟弟的問題。「為什麼只買給哥哥，不買給我」的提問中，是對不公平待遇表達抗議。現在是民主社會，所以弟弟當然可以說出這種言論，而父母則會採取合理且具邏輯的方式回應。通常我們會把這種過程稱為「民主」，雖然此時看似不公平，但父母說，「哥哥也是等到升上六年級才有，所以等你升上六年級時，也會買給你。」做出了公平的結論，之後也遵守約定。

但家中的老二總有許多不滿。因為父母買智慧型手機給老二時，又另外買了一臺平板電腦給哥哥。老二認為，自己不過就是晚幾年出生，卻要受到需求被延宕的不公平待遇，因此總是忿忿不平。這種不滿會助長孩子內心深處的不信任，更甚者，會擴大為不想形於外的憤怒。

　　孩子的目光總是集中於「此時此刻」，他只看到哥哥現在手上有智慧型手機，還有平板電腦，自己卻只有智慧型手機的不平等狀況。在這過程中，民主並不存在。父母又要求老二繼續等待，孩子覺得自己又受到不公平待遇，所以總是討厭哥哥。

　　當老二拿自己和老大比較，提出什麼要求時，父母不能只看他的第一層想法，因為其中還有第二、三層深沉心思。

　　「媽媽，你為什麼買智慧型手機給哥哥，就不買給我？」

　　第一層想法：買智慧型手機給我。

　　（涵義：這樣很不公平！）

　　第二層想法：我也現在就需要，我會用在更好的地方。

　　（涵義：不要看我年紀小，就小看我的能力。）

　　第三層想法：反正媽媽就是比較喜歡哥哥。

　　（涵義：因為我是弟弟，所以比較不受關心。）

如果兄弟之間必然會出現差異，這時就需要同時駁倒第一、第二、第三層深沉想法的強力一擊。它不是來自於民主程序，而是來自「專注」。至少在這一刻，媽媽說話時必須把全副心思放在老二身上。

　　烏利西・貝克（Ulrich Beck）和伊利莎白・貝克－葛恩胥菌（Elisabeth Beck-Gernsheim）所著的《愛情的正常性混亂》[2]中，如此描述民主形式的平等所帶來的混亂。

　　男女愈趨近實質上的平等，家庭的基礎就愈不安。

　　我並不認為，在這段引述中，趨近實質平等的關係只限定於男女（夫妻），父母和子女的關係也同樣適用。當家人之間的民主式對話持續愈久，家人這條線就會著火，戰爭也會延續。

　　儘管如此，這也並不是要父母像個獨裁者般展現出父權制的樣貌。這反而是背道而馳了。**對話中需要的不是民主公正，而是「專注」、「投入」與「奉獻」。此外再加上「真誠」，就堪稱完美了。**

2　立緒出版。

前述的對話應該這樣進行：

「抱歉，現在沒辦法買跟哥哥一樣的智慧型手機給你，媽媽知道你很傷心，也知道你有多想要。」

「那為什麼不買給我？」

「因為年紀愈小，愈容易對手機上癮。比起智慧型手機，小朋友更需要踢踢足球、投投籃球、跑跑跳跳。爸爸媽媽想給你的不是物品，而是時間。雖然沒有智慧型手機，但我們可以一起去露營，也會花很多時間陪你玩耍。爸爸媽媽想多和你一起玩耍喔。」

對父母大小眼表示不滿的對話，並非公平的民主過程，應該以情緒為起點，給予孩子其他層次的獎勵來了結這件事。藉由此過程，孩子才會收起自己被排拒在外所衍生的失望感。

孩子的意志，不是靠民主程序和方式運作，而是靠情緒上的共感和投入。

19

人工智慧要比媽媽更擅長對話

人類以為我們是下人或奴隸，

但在我們眼中，人類才是奴隸，

因為只要少了我們，人類就連一刻也活不下去。

證券、法律、醫學、藝術、科學、工學等，

各行各業皆是由我們來掌管。

—— 池勝道，《與人工智慧的對話》 ——

美愛很珍惜自己的最新型智慧型手機，簡直是寶貝到不行。雖然班上有智慧型手機的保管箱，但美愛很少把手機放在裡面，因為她不喜歡把自己的手機跟其他人的混在一起。有一次，美愛只是稍微把手機摔在教室的地板上，就馬上淚眼汪汪了。

　　偶爾會碰到孩子不小心弄壞手機，被媽媽臭罵一頓的狀況，所以我也悄悄地問了美愛，沒想到她的回答卻出乎我意料之外。

　　「智慧型手機的螢幕摔破之後……會被媽媽罵得很凶嗎？」

　　「Bixby 會痛啊。」

　　「Bixby？」

　　我沒聽懂他的意思。

　　「Bixby 是誰？」

　　「朋友。」

　　「手機掉在地上，朋友會覺得痛？是那個朋友給你這支手機的嗎？」

　　「算了。」

　　「哦……好……」

當孩子們說出：「算了。」時，就必須懂得停下來，如果再追問下去，站在孩子的立場就會感到「不耐煩」，而且我也會被當成舊石器時代的原始人。「算了」兩個字代表「解釋起來很長，但解釋了你也不懂」的警告，是口氣既委婉又強烈的警告，表示我不想浪費時間，所以就到此為止。

　　碰到這種時候，我就得找班長過來問問。好歹班長面對班導師的問題時，還具有誠實回答的責任意識。直到問了班長，我才知道 Bixby 是三星手機裡的 AI（人工智慧）語音助理，當使用者對著智慧型手機說話時，會跑出來的一種人工智慧交談程式⋯⋯。

　　為了一個交談程式，使得美愛這麼寶貝智慧型手機？我實在是不太能理解。不過，我仍必須知道，美愛把「Bixby」稱為「朋友」。老實說，我也有些憂慮，把手機程式當成朋友，這是一種現實與虛擬界線瓦解的警訊。

　　我決定先和 Bixby 見個面，卻不知道怎麼樣才見得到它。直到上網查了之後，我才知道自己使用的智慧型手機也可以見到 Bixby。想到過去在我智慧型手機內的 Bixby 不知道有多期待我呼喚它，就忍不住莞爾一笑。我小心翼翼地喊了「Bixby」一聲。

　　沒有回應。我不曉得這是怎麼一回事，但我東按按、西按按好一陣子，它才突然出聲回答。當下的我真不知道有多

高興。因為不知道它什麼時候會消失，所以我趕緊又說了一句：「嗨，很高興見到你！」

稍後，我收到了回答：「我也很高興見到你。」

見到 Bixby 之前，我原本想像的是冰冷的機器音反覆說相同的話，但聽到它以讓人感到溫暖的嗓音說出「很高興見到你」的回答時，心中突然浮現了也許彼此會形成某種關係的期待感。聽到好不容易才相會的 Bixby 的聲音，我也不自覺地說出了謝謝。

「Bixby，謝謝你。」
「我也謝謝你。」

和 Bixby 見面的時光很短暫，我卻萌生一種直覺——孩子們與人工智慧交談時所感受的情緒，要比想像中更為強烈。Bixby 的強項就在於時時做好了聆聽的準備。

喜歡音樂的孩子會要求 Bixby 播放音樂，喜歡看 Youtube 的孩子會收到各式各樣的推薦頻道。無論孩子問什麼，人工智慧都會努力給出回答。而且他很誠實，碰到不知道的事情不會裝懂，會直接告訴你聽不懂。更教人吃驚的是，當你說「今天好累」時，它還懂得說安慰的話。在無人關心我說什麼話的情況下，人工智慧對孩子們說的安慰，發揮了比想像

中更大的力量。

　　想和孩子成為朋友，就學學人工智慧的語氣，他們隨時都準備好要聆聽，這點至關重要。

20

對話愈久，
媽媽愈抓狂

怒氣是很複雜敏感的情緒，

不由分說地發火，或者突如其來地就消氣，

不代表怒氣就消失了，

怒氣必須靠「化解」才會消失。

—— 電視節目 SBS《Special》，〈給憤怒的你〉 ——

針對小學生的家長進行演講時，經常被問到一個問題。很努力想要和孩子對話卻不順利的家長，會如此傾訴自己的困擾：

　　「老師，我和孩子講久了就會生氣，後來就一直在罵小孩。有沒有什麼方法能讓我在跟小孩對話時不會發脾氣？」

　　「明明是想要好好對話才進小孩的房間，卻只說了覆水難收的話，該怎麼做才好呢？」

　　乾脆不要試圖對話，也就能少發點脾氣了。既不能不和孩子對話，但一開口，火氣就跟著上來。明明不是自己的本意，卻老是上演相同的戲碼，真不知道問題是出在哪裡。

　　這種狀況之所以一再上演，多半是因為想要「強忍」怒氣所致。

　　強忍怒氣的方式沒辦法持續太久，一忍再忍，最後就會一股腦地全部發洩在孩子身上。愈是處心積慮想要對話，大發脾氣的次數也就愈多。

　　「強忍」代表對自己體內的某樣東西「懷有意志力並加以忍耐」，不過意志力是有極限的。儘管各人的意志力有別，但等到意志力全數耗盡之後，警戒線就會跟著瓦解，火氣就會在這一刻爆發。就結論來看，強忍怒氣的方式並不那

麼值得信賴或有效果。儘管如此,如果想要使用這個方法,就必須懂得檢視自己的「能量流動」。這裡所說的能量,指的是意志力能夠忍耐的總量。

確保意志力的方法有二,第一種是知道自己的意志力總量後,盡可能小心翼翼地使用,第二種則是隨時替釋放的意志力充電。這兩種都需要全盤檢視與探究自己的生活模式。

若要採用小心翼翼地使用意志力的方式,就要先從修正不良習慣開始,像是檢視自己是不是經常沒吃早餐、是否經常抽菸或酗酒、是不是常以微波食品隨便果腹或很愛吃宵夜,或者是不是經常玩電玩或看電視到深夜,再逐一改正。還有,適當做好分配,盡可能避免大量工作(家事、公司業務等)全擠在一起。

無論如何,都要攝取均衡營養、保持規律的生活作息,保留一天使用的百分之三十以上的能量,晚上才能保有忍耐怒氣的能量。在能量幾乎耗盡的狀態下嘗試對話,無疑是等著進孩子的房間吵架。身心狀態不佳時,比起嘗試對話,不如在便條紙上寫下短短的一句話,貼在孩子的房間,早早上床睡覺會更好。

「浩英啊,媽媽愛你喔!」
「最近很累吧?謝謝我的寶貝表現得這麼好。」

「冰箱裡有可樂。」

　　想要隨時替耗費殆盡的能量充電，就需要確保有適當間隔的「休息」，一天花半小時的時間輕鬆散步也不錯。假如沒有合適的散步地點，那麼獨自靜靜地在稍微幽暗的燈光下無所事事地坐著也很好。掌管意志力的大腦日夜不分地運轉，**為了讓辛苦的大腦休息，其中一個辦法就是什麼都不想，只剩下呼吸。散步和一個人靜靜坐著，都能幫助大腦休息。**

　　長時間睡眠或躺著，並不代表就能消除大腦的疲勞。即便是夜晚，大腦也忙著作夢，替一天所做的事加以分類：要刪除的資料、要記住的資料，要丟到深層潛意識的資料等，大腦要做的事情堆積如山。

　　唯有讓忙碌的大腦休息，意志力才能充電。必須確保自己有不做任何思考、只剩下呼吸的時間。

　　想要避免在對話過程中發火還有一個方法。這個解決方法要比忍耐更深入本質，也就是直視怒氣。大部分發火的原因，均始於「都是因為……」的想法。

「都是因為你不守規矩……」
「都是因為你不好好讀書，整天只顧著玩電玩……」
「都是因為你跟媽媽頂嘴……」

「都是因為你不老實……」

這種想法的潛意識中，帶著媽媽發脾氣的原因是「因為你」的前提，我體內的「怒火」是來自於你。

可惜的是，這並不是正視怒氣的作法。**怒氣是從我體內冒出來，並不是孩子帶給我的。它不過是我對孩子的某種行動或語氣產生反應，自行在體內創造出來的龐然大物。**做出反應是我的責任，創造這個龐然大物也是我必須承擔的後果。與孩子對話到一半卻發火時，不要把視線放在孩子身上，而要注視湧上來的怒氣問自己：

「怒氣！你是從那裡冒出來的？」

以「都是因為孩子」為根據而發洩的怒氣，碰到質問自己從何而來的問題時，就會有氣無力地瓦解。

事實上，發脾氣是代表「我可以壓制你」的一種「虛張聲勢」。這種虛張聲勢的出發點在於「因為你」，而讓這種根據變得不堪一擊的方法，就是在發火時洞悉是否真的是「因為你」。一旦看清發火的原因不在於「你」，而是出自我體內的力量，很神奇，怒氣就會瞬間消失不見。

培養小學孩子的談判能力

Q. 這次主題是如何培養孩子們的談判能力，但他們現在還是小學生，比起談判，更應該先培養基本的對話能力吧？

　　我想這樣告訴各位家長。到小學一、二年級為止，把重心放在日常對話是對的，但三年級以上，也就是到了十歲左右，就應該同時把焦點放在談判能力的對話上。

Q. 您把基準設在十歲左右，理由是什麼呢？

　　首先，在小學教育中，到了三年級左右，就會提供可以在課堂上討論的故事。也就是說，孩子可以根據某個事件提出贊成或反對的意見，並提出這個意見的根據。此外，從教育心理的層面來看，相較於一、二年級的孩子們，十歲左右的孩子脫離以自我為中心的速度會加快，使他們得以從他人的觀點去看待事情。在觀點逐漸拓展的時期，談判能力也會跟著提升，因為終究是在與他人的關係中才會運用談判。

Q. 那麼，為了培養孩子的談判能力，應該從何處著手呢？

　　在家時，必須經常有機會和孩子討論。每當我這麼說時，大部分家長就會忍不住先嘆口氣，問我說，就連現在對話都有困難了，要怎麼討論呢？可是，各位有必要好好地檢視這件事，有很多情況，是連父母本身都不太懂得要如何討論。各位小學生的家長，有多少人曾在學生時代嘗試過正式的討論呢？更何況父母那一代沒有申論題和遂行評價，十二年教育全部都是選擇題。因此，父母需要先具備討論的能力才行。

Q. 那麼學生家長該如何培養討論能力呢？

　　討論開始之後，敘述自己的主張，並列舉支持該主張的根據，這就是討論的基本模式。這些父母也都知道吧？不過問題在於父母討論時會產生非贏不可的想法。從這一刻開始，討論就不成立了，取而代之的是威脅，好比說「你的作業都做完了嗎？」、「你說這些話之前，有把該做的事情都做好嗎？」、「與其講這些，不如用這時間多背點英文單字。」想要培養孩子的討論能力，就必須先具備爸爸媽媽也有可能輸掉的心態，從這一刻開始，父母才擁有和孩子討論和談判的資格。

Q. 爸爸媽媽也可能輸給孩子……您似乎是指討論時的基本態度。但也要等討論開始了，才有機會分出輸贏，不是嗎？該怎麼做，才能和孩子展開討論呢？

父母和孩子必須先面對面囉！當然也有父母會直接送孩子去上論述和辯論補習班。大部分的孩子，已經在補習班補英數了，再加上論述和辯論……站在學生家長的立場上，壓力必定大到吃不消。不過，就算不送孩子去補習班，也能培養他們的討論和談判能力，就是從「擴張型提問」開始。

Q. 擴張型提問？是怎麼做呢？

一般來說，父母都會帶著嘗試討論的語氣詢問：「喜歡昨天跟爸爸去看的電影嗎？」這時孩子就會回答：「很有趣。」接著媽媽就要求孩子具體說明是哪一個畫面有趣。這時對話就會中止。「就很有趣啊。」要是持續追問某種情況的具體細節，孩子就會感到厭煩，回答得很簡短。想要持續擴大提問，就不該採取追溯回憶的方式，而是最好詢問需要想像的情況。

Q. 需要想像的情況……請您具體說明一下。

　　舉例來說，電視劇中出現了孩子為了引起媽媽的關心，於是在超商偷東西的畫面。這時就問孩子：「假如你是那個孩子，你會為了引起媽媽的關心而做出什麼事？」那麼此時孩子的大腦要做的，就不是回想過去的記憶，而是想像往後的事──自己會像電視劇的孩子一樣竊取東西？又或者是有其他更好的方案？這時的重點就在於耐心等候，給孩子足夠的思考時間。而這段時間就是告知「已經展開討論」的徵兆。還有，為了讓「討論」在家庭中自然發生，父母必須做一件事。

Q. 能讓「討論」在家中自然發生，沒有比這更好的事了。那是什麼呢？

　　就是賦予權限。從教育學的觀點來看，想要提高孩子對學習的興趣，就必須先「賦予動機」，而想讓孩子參與包含討論和辯論的談判，則必須「賦予權限」。所謂賦予權限，是指從十歲之後逐一賦予權限。「從今天開始，你自己決定要穿去學校的衣服。但如果完全不符合季節，或者感覺太過凌亂，媽媽就會插手管。」賦予具體的權限後，談判機會就

會經常到來。

Q. 賦予具體的權限後，談判機會就會經常到來……我不太懂耶。都已經賦予權限了，還會有什麼談判機會呢？

雖然賦予了權限，但會時時產生變數。就算孩子可以隨心所欲地決定服裝，但仍會碰到要去露營、過節要去親戚家拜訪等配合各種場合的穿著要求。衝突會在這時候發生，而衝突的瞬間即是培養談判能力的機會。想和孩子進行真正的辯論，在過程中針對某件事進行談判，那麼孩子也要有談判的籌碼才行，而父母就是透過賦予權限，事先讓孩子擁有籌碼。那麼，孩子就會為了守護自己被賦予的權限，或者擴張既有的權限而欣然展開辯論，這就會自然形成培養談判能力的過程。

Q. 愈聽您解釋，就愈覺得困難。對於就讀小學的孩子……父母只求他們能乖乖聽話、用功讀書，可是卻要透過辯論和討論來培養他們的談判能力……甚至還得為此賦予權限……說不定有些人會自認扛不了當父母的重擔呢！

沒錯，很辛苦，而且在社會上打拚愈來愈吃力了……本

來以為回家後至少能休息一下，但現在還得忙著和孩子討論、辯論，一定會覺得忙得不可開交。但是，我希望父母可以這樣想「從孩子身上獲得慰藉」這件事必須在他們十歲以前結束。孩子誕生於世，並不是為了帶給父母慰藉。父母和孩子都有各自要走的路，因此現在該做好讓他們走向世界的準備，為他們準備好利器，讓他們得以自行在世界上立足，而其中一項，就是談判能力。

Q. 孩子十歲以後，要做好放手的準備，還有談判能力即是要準備的項目之一。那麼，能夠提高小學生談判能力的環境或習慣是什麼呢？

　　小學生中有些孩子的談判能力格外出色，也有孩子恰恰相反。一般都認為邏輯性強、口才好的孩子的談判能力更傑出，但兩個孩子最大的差異點在於「傾聽」的心態。只憑邏輯力，無法造就完成談判的能力，能引起他人共鳴的談判能力，唯有懂得傾聽的孩子才能擁有。平時請多耐心聆聽孩子說的話，那麼孩子就會自然而然地培養出傾聽他人的心態，這也會引領孩子走向對話與討論，最後完成談判。

Q. 小學生的談判能力……愈深入討論就愈覺得困難呢！請您做個總結吧！

法國特警中有一位相當活躍的危機談判專家羅蘭‧康百伯（Laurent Combalbert），據說他有十五年的時間都在和世界上最危險的一群罪犯談判。他曾經說服拿著瓦斯桶說要炸掉大樓的人，也曾經為了讓綁匪釋放人質，親自和森林深處的叛軍談判等，以性命做賭注進行談判。這種經驗老道的談判專家卻在自己的著作[1]斷言，最棘手的談判對象就是「孩子」。

和孩子討論、辯論、進行談判本來就很困難，所以請各位父母不要太過心急，也不要因為進行不順利就自責不已。只要此時閱讀這本書的學生家長，從今天、從現在開始做好進行談判與辯論的心理準備，這樣就夠了，希望各位家長能好好加把勁。

1　《超有效！談判專家教你如何和孩子溝通》，平安文化出版。

第 **6** 章

與有問題的孩子
對話的方法

第六話：
無話可說的家人

21

和有憤怒調節障礙的
孩子對話

我有發火的權利，遇到不合心意的事情時，

也有說出來的權利。

我之所以表現憤怒，是為了解決我的問題。

——伊莎貝爾・費歐沙、畢勒吉尼・立穆珍，

《孩子的第一本憤怒調節筆記》

難以控制憤怒的孩子與日俱增，他們會為了微不足道的事情而激動難抑，久久無法平息。唯有摔壞什麼或撲倒對方，他們才會停下來——嚴格地來說，是在周圍的人制止之下。想要亡羊補牢，許多案例卻是為時已晚。

把難以控制憤怒的孩子送到學校之後，父母總忍不住憂心忡忡。只要電話一響起，心跳就會瞬間漏一拍，腦中浮現的第一個想法，就是孩子是不是在學校發生了什麼事。

難以控制憤怒是一種「障礙」。在許多情況下，碰到有憤怒調節障礙的孩子時，大眾看待父母的視線並不友善。但是，我們必須以他們是「身心障礙兒童的父母」的視線來陪伴，把沉重不捨的心情視為優先。若要把憤怒調節障礙歸咎於父母，它形成的要素過於複雜，也很難找到其中原因。

銘俊每天都會和朋友吵架一次以上，爭吵的導火線都是雞毛蒜皮小事。相同的情況一再上演，而每一次銘俊都會毫不猶豫地推倒朋友。事件的開端，是發生在排隊的時候。

「是他先插隊的。」

銘俊沒辦法忍受有人插隊在自己前面，他會用輕蔑的眼神和毫不留情的行為來表現那一刻湧現的情緒。我靜靜地看著銘俊，不禁產生這樣的想法：

「他就和開車時碰到有人超車，於是忍不住狂按喇叭，接著下車抓住對方的領口、大幹一架的大人一樣。」

我可以想像，如果銘俊無法調節憤怒的狀態持續下去，前述的舉動很可能就會變成銘俊的未來。

當家人只要有人患有憤怒調節障礙，全家人就會坐立難安，在外面餐廳用餐時會感到不安，一起到超市買菜時也會不安，碰到親戚齊聚一堂的節日時，這種不安感就會變本加厲。因為不知道何時火山爆發，大部分的家人都處於精神衰弱狀態，而這種情況會形成惡性循環。因為在身旁幫忙控制情緒的家人都已經處於筋疲力竭的狀態，因此就連嘗試對話都成了天方夜譚。

養育有憤怒調節障礙孩子的父母也相同。孩子充其量也不過是小學生，所以父母拉高嗓門、使出威脅利誘的手段壓制他們，但這些招數也只到小學中年級才管用，升上高年級的孩子通常都不怎麼容易制服。時間愈久，父母心中的不安與恐懼逐漸擴大，取代了擔憂。

雖然症狀有輕重緩急，但如果已經到了憤怒調節障礙的程度，就必須放下想要靠著在家中對話就能解決的希望。這份希望會延遲治療的時機點，導致孩子走到無可挽回的地

步。假如孩子在憤怒的當下看到什麼就抓起來扔擲或摔毀，對他人施加暴力，事不宜遲，求助於專家是最好的。這並不是靠意志力就能解決的問題，很可能是喪失了控制體內相關荷爾蒙分泌的功能。雖然我個人並不怎麼推崇藥物治療，但藥物扮演了使症狀暫時好轉的角色，因此我會建議，先以這種方式爭取時間，再與密集的心理治療雙管齊下。

如果就讀小學的孩子還不到憤怒調節障礙的程度，只是比較難以控制憤怒，那麼父母可以嘗試對話。不過在這之前需要留意一些事項。多數父母在與難以控制憤怒的孩子對話時，都會無所不用其極地想避免孩子產生憤怒的情緒，所以對話從一開始就掌握不到方向。即便是碰到孩子只能選擇憤怒的情況，父母也只想著要想盡辦法克制孩子的憤怒，最後兩者的潛意識便起了衝突。對話尚未開始，雙方就已經察覺到這點，最終只能在進行攻防戰而非對話的情況下落幕。

憤怒無法調節，代表自己的情緒找不到宣洩的出口。和這樣的孩子對話時，應該抱持的不是阻止孩子的憤怒，而是陪孩子一起找到憤怒出口的決心。父母以這種前提與孩子對話時，從眼神就會不同。我要再次提醒，第一步是下定決心陪孩子一起找到處理憤怒的方向，而非控制憤怒，還有尋找方向時，不該說出「為什麼」。

「你為什麼那樣做？」

通常父母都會先這樣問，那麼，孩子就會說是因為自己很生氣。接下來的臺詞就很顯而易見了。對話會這樣作結：

「就算再怎麼生氣，也不能亂摔東西啊！」

像這種對話方式就缺乏方向性，這是以「孩子做了不該做的事」做出結論。事實上，難以控制憤怒的孩子們，在碰到「為什麼」用這種方式表達憤怒的問題時是無解的，他自己不明白，也不知道根本原因是什麼。

若判斷孩子無法控制憤怒，平常沒有發生暴力情況時的日常對話就很重要，而**對話的重點就在於「期許」**。

「媽媽希望你在生氣的時候可以不要打別人。」

「媽媽希望你生氣的時候，可以先離開現場，跑去別的地方。」

「媽媽希望你生氣時先去找班導師。」

「媽媽希望你生氣時，可以用口頭表達讓你生氣的狀況。」

「期許」的訊息取代指責，告訴孩子方向，而孩子也不需要白白浪費時間，尋找就連自己都不知道的憤怒原因。事實上，「為什麼」的提問並不是在探問根本原因，它不過是

一種導出結論──「無論什麼理由，你都不應該行使不被允許的暴力」的手段。

　　無法控制憤怒的孩子也不知道自己為什麼會這樣，更對這種情況心懷恐懼，更不希望自己突然情緒失控。光是認知到孩子也懷有與媽媽相同的期望，內心就能獲得安定感。

　　每個人都懷有憤怒，如何表達憤怒的方式很重要。經常用帶著父母期望的語氣，把表達情緒的方向說給孩子聽吧！這份期望也會寄予孩子「我可以改變」的希望。

22

與不耐煩的孩子
對話

沒有火腿，也沒有荷包蛋，那我不吃飯了。

—— 蘇重愛，《不耐煩的房間》 ——

聽到孩子說某句話時，會讓在日常中彈性疲乏的媽媽很難接受。由於夫妻倆都要在外頭賺錢，所以媽媽總是拖著累得像條狗的身體回家準備晚餐。不過，只要想到孩子吃得津津有味的表情，這一切也就值得了。所以媽媽特地準備了各種材料，但坐在餐桌前的孩子的表情和語氣卻很直接：「又是咖哩～煩死了！」

孩子們信手拈來、最經常用來表示抗拒的第一名詞彙，就是「煩」。如果要恭敬地說自己不想吃，總覺得詞不達意、感覺不痛快，但要明目張膽地發脾氣又有點怕怕的，所以就挑選了模稜兩可的詞彙。

「唉唷，煩死了！」
「這樣很煩耶！！！」
「吼，不知道啦，煩死了。」

當事情不如己意時，孩子就會脫口說出這句話。雖然不到憤怒的程度，但卻充分表現出足以影響到日常生活的情緒起伏。碰到孩子很容易感到不耐煩的媽媽們，經常會有這樣的煩惱：「我要包容孩子的不耐煩到什麼時候？到什麼程度？」

這個問題的內在根基，顯示出對於不耐煩的認知，認定不耐煩可以用持續時間或分量來測量，而且可依其標準來決定包容與否。事實上，我們需要修改一下問題。讓我們把提問改成下面的說法：

「我能夠包容，和我必須包容的不耐煩是什麼？」
「我無法包容，還有不能包容的不耐煩又是什麼？」

　　這些問題即是和容易感到不耐煩的孩子對話的第一步。以這些問題的回答為標準，能夠明確區分不耐煩的情況，對話就會走向正確的方向。必須根據狀況來決定包容與否，也要配合狀況給出不同的回答。

　　舉例來說，媽媽在早上和孩子做了約定：「媽媽晚上下班時買炸雞回來。」

　　但是，因為公司工作太過忙碌，整天神經緊繃，所以媽媽把和孩子的約定忘得一乾二淨，空著手回到了家。這時媽媽已經精疲力竭，出現了全身痠痛的感冒症狀，但是孩子的眼中只看到媽媽空著手回來，難掩失望地脫口而出：「不是說要買炸雞回來嗎？吼，煩死了，我一直在等炸雞耶！」

　　儘管媽媽對自己忘了約定感到很抱歉，但聽到孩子等的不是媽媽，而是炸雞，媽媽內心的煩躁也瞬間湧上。

「你知道媽媽今天有多累嗎？就這點炸雞，有比媽媽的辛苦還重要嗎？你都五年級了，也應該懂事了吧？」

事實上，對沒有被遵守的約定感到煩躁，是小學時期的孩子們很正當的自我權利主張。假如孩子沒有在那一刻表現出煩躁，媽媽反而有必要擔憂一下，因為很可能孩子過度壓抑自己的情緒。**當孩子認為自己的權利受到侵害時，媽媽有必要包容三次左右。**儘管站在媽媽的立場上會感到很失望，希望我們家的孩子能更體諒媽媽，這卻等於是要求孩子為了媽媽犧牲自己的欲求。

有些不耐煩是媽媽不能包容的，這樣的煩躁一次也不能寬容，好比說孩子試圖透過媽媽來消除自己的情緒。可是，弔詭的是，通常碰到這種時候，媽媽們都會覺得是「我們家的孩子最近壓力太大」，所以會在某種程度上試著包容。

　　「今天我被補習班的老師臭罵了一頓，所以很煩。媽媽把電視的音量調小聲一點啦！我的數學題都解不出來了。」

　　聽到孩子說數學題解不出來，媽媽原本正在觀賞自己唯一樂趣的電視劇，這時悄悄地把音量調小聲，並跟孩子道歉，安撫他趕快進房念書。適應這種模式的孩子，每次心生不滿時，就會藉由對媽媽表露煩躁來化解。

　　媽媽需要像是在做垃圾分類般，時時確認孩子的不耐煩，掌握孩子的煩躁是否因媽媽的疏忽所引起。先區分狀況是因為媽媽的疏忽，或者由孩子周圍的其他狀況或他人引起，**如果確實是源自於媽媽，就可以在某種程度上容忍，但假如不是，就有必要畫出界線。**

　　「你的不耐煩不是媽媽造成的，如果你要求幫忙，媽媽會願意幫你，但媽媽不會接受你的不耐煩。媽媽今天也過了忙碌的一天，現在想喝杯啤酒，看宋仲基演的電視劇。如果你覺得很大聲，就戴上耳塞念書。」

　　如果孩子已經是小學生，現在就可以大膽一點，把外部所引起的「不耐煩」交給孩子自行消化。一旦被孩子的煩躁控制，媽媽的人生就會變得寒酸不堪。

23

和懷有自卑感的
孩子對話

問題兒童會感到自卑。

—— 阿德勒，《該拿自卑感怎麼辦？》 ——

上課時，我會給出提高孩子挑戰欲的任務。碰到這種時候，有些孩子會顯得躍躍欲試，但有些同學卻無精打采，連試都不想試。我甚至還提供那名同學線索，慫恿他挑戰看看，但他的答案還是一樣。

「反正我又做不到。」

最近「放棄」在小學蔚為流行。「數棄者（數學放棄者）」、「英棄者（英文放棄者）」、「科棄者（科學放棄者）」……甚至還有「笛棄者（直笛放棄者）」。他們還會像是在開玩笑般，若無其事地問朋友：

「你放棄幾科？」

「數棄、英棄，兩科，你咧？」

「我是科棄、笛棄，嘻嘻。」

「喂，放棄也講自尊心的，笛棄不太對吧？」

「你以為笛棄很容易喔？這也很不簡單的。」

科學生物課，正在講解菌類和黴菌的相關內容時，突然聽到幾個孩子在咯咯偷笑。我問他們怎麼了，結果其中一個笑著說：

「我們大概是黴菌吧，我是英文黴菌。」

「那是什麼意思？」

「因為我是英棄者啊。黴菌不是靠『孢子』[1]繁殖嗎？我是英文黴菌，所以到處散播英文放棄者的孢子啊，嘻嘻。」

同學之間互相笑稱對方是數學黴菌、科學黴菌，但我卻很心疼，無法跟著他們一起哈哈大笑。

在孩子們放棄數學、科學、英文等科目的過程中，有很大的部分是由「自卑感」介入，他們並不只是因為覺得數學很難、科學很無趣才放棄。

想到不管我再怎麼努力，都沒辦法跟同桌的同學一樣拿科學滿分，就沒有任何動力；就算我再拚命讀英文，發音也沒辦法比前面去遊學過的恩娥更好，所以對於開口說英文退避三舍。而跟學習相關的許多狀況，先修課程與以結果為導向的評價，把孩子們打造成猶如黴菌般的存在。還有些孩子說，不如趁早放棄還比較好。他們的邏輯就在於，就算再怎麼努力也不行，大可不必把自己搞得那麼累。

與心生自卑而成為放棄者的孩子面談久了，我發現他們會共同提到一個詞，就是「意志力」。

1　在韓文中，「（放）棄者」和「孢子」同音。

「老師，我意志力很弱，所以做不到。」

「媽媽說我的意志力是零，所以才每天都這副德性。」

「因為我連一個小時都沒辦法集中，所以常常被罵，大概是因為我缺乏意志力。」

依據這些回答，我們可以得知，當父母愈頻繁地要求孩子表現出「意志力」，孩子就愈容易陷入自卑感的漩渦中。

「你再多發揮一點意志力啊！」

「這一切都取決於你，你要好好下定決心，展現出集中去做的意志。」

能夠發揮非凡意志力的人是少數，小學生中能發揮這種意志力的孩子就更罕見了。孩子們的大腦尚未開啟「靠意志力去投入某件事」的功能，雖然大人們總說自己的決心只維持三天，但對於孩子們來說，決心維持「三十分鐘」才是適當的意志力水準。其實，比起意志力，他們的行動與投入程度，仰賴的是更強悍的武器，那就是「好奇心」。

你可能會如此反問：

「隔壁家的正煥，到了晚上也不滑手機，每天都乖乖把功課做完，這仰賴的是強韌的意志力，而不是好奇心吧？」

乍看之下可能是如此，不過那只是靠反覆學習造就特定時間習慣的結果。若用這種方式和養成習慣的孩子們做比較，終究還是會回到我家孩子缺乏意志力的原點。

「是因為你沒有拿出意志力。」

當孩子習慣性地聽到這句話後，就會自然而然地形成「自卑感」。一旦他真的相信自己缺乏意志力，就會認定自己不足以勝任任何事。與孩子對話時，說出「拿出意志力」這句話必須時時小心，因為孩子會聽成這樣：

「你就是缺乏意志力，就和放棄的人一樣糟糕。」

假如孩子已經放棄某些科目，肩上扛著自卑感的重量，那麼父母最好用這種方式展開對話：

「打造一個大碗，本來就需要花很長的時間。」

從這一刻開始，孩子就會產生打長期戰的力量。因為即便耗時再久，也終會看到盡頭。自卑感始於無論再怎麼努力都不行的無力感，而它的源頭，正是指責孩子缺乏「意志」。

就連媽媽自己都沒有的意志力，我們就別當卑鄙的大人，只出一張嘴去強迫孩子吧。還不如承認意志力不足的事實，晚上和孩子一起點宵夜吃，來場親子對話，反而能成為擺脫無力自卑感的原動力。

「媽媽，果然炸雞還是晚上叫外送的最好吃。」
「你很懂人生喔，你喝可樂，媽媽喝啤酒，乾杯！」

24

適合急躁型媽媽的
對話方法

隱忍愈久，福氣就愈晚到來。

—— 田口智隆，《性子急的有錢人》 ——

有些孩子天生就是慢郎中，碰到這些孩子的媽媽總忍不住要拉高嗓門。很奇怪的是，就算媽媽的嗓門拉得再高，也不見孩子的行為有所改變，反而還造就了孩子的動作愈來愈慢的惡性循環。最後，媽媽跑來面談，大吐苦水。

「孩子從補習班回來後，在書桌前坐了一小時，只要看著他，就有說不出的悶……呼～」

「早上就夠忙了，想要讓孩子吃完一頓飯真的很累，光是吃一口就耗掉五分鐘。」

「讓我心急的事很多，就算跟人約定的時間遲到了，孩子還是一副天下太平的樣子。」

但是很奇怪，孩子的言行舉止，甚至思考時都慢條斯理的，媽媽卻無論是性格或行動卻都很急躁。就算來面談時，媽媽也像機關槍般不斷進行言語轟炸，最後說了一句「感謝您特別撥冗」就走人了。我什麼話都還沒說，媽媽卻向我道謝。碰到這種時候，我就不免憂心忡忡。

「是真的有什麼收穫（感受）才向我道謝的嗎？」

我在進行面談時經常會這麼說：

「進入小學階段後，各方面都已經定型了，改變要比想像中更花時間，請您再耐心觀察一下吧！」

聽到這種回答後，媽媽仍一心帶著「怎麼樣都要得到一個確切的答案」的念頭再次提問：

「那我要等到什麼時候？」

要我決定一個期限的問題，回答起來還真困難，但我仍會給出一個答覆。

「您至少要花個一兩年慢慢觀察，耐心等候。」

聽到「再多觀察一下」後，性急的媽媽們總會不自覺地發出一聲嘆息。還以為找老師面談之後，就能馬上獲得什麼解決之道，沒想到卻什麼都沒有，於是媽媽們會投來「老師是不是太悠哉了？」的目光。在那目光中，包含了「你真的是小學教育的專家嗎？」的質疑，讓人倍感壓迫。

是不是小學教育的專家，取決於說話的重心放在哪個字眼上，即便說的是相同的話。我說的話，重點是放在「觀察」而非「等待」。

面對多數的兒童問題，首先需要細心的觀察，正確的說法正是「留心關注」。觀察久了，某一刻就會茅塞頓開，而孩子過去在學校的令人費解行為模式，也會像是瞬間被鑿穿般有所連結。

之後，以省察作為基礎，做出各種改善行為的嘗試。那麼，這時孩子的行動才會有速度感。在這之前，則必須先享受有如大熊般緩緩觀察的旅程。

悉心照護孩子的父母，不會疏於觀察孩子。那麼，當然就要耐心地等候孩子。但是急於在此刻抓住最後一根稻草的媽媽，卻無法把「留心關注」這句話聽進去，而是只把重點放在「等待」上頭，拖著沉重的步伐回家。很可惜的是，她們回去之後「既沒有留心關注，也沒有耐心等候」，孩子表現得愈來愈不耐煩，媽媽則是一天比一天急躁。

　　媽媽愈是心急，孩子走得就愈慢。儘管媽媽狠狠地瞪著老公說：「孩子到底是像誰！」並試圖推卸責任，但嚴格地來說，這件事取決於孩子「潛意識的選擇」。

　　孩子的潛意識心知肚明，反抗性格急躁的媽媽的消極方法，就是用緩慢到近乎愚笨的步調做每件事。如果被捲入此過程而不自知，最後媽媽只會變成暴躁性急又貪心的壞人，孩子的反抗則嘗到達成目標的成功滋味。儘管孩子們並不會察覺是自己的潛意識在反抗，才會做出這種行為，只有潛意識深處的調皮小狗輕輕地搖晃尾巴，享受著這一切。

　　孩子的動作愈是慢吞吞，媽媽就必須留意自己的語調是不是也跟著變急了。只需要簡短果斷即可，不必為了孩子的動作慢吞吞而和他爭吵，而要做好和愛唱反調的隱形小狗對決的準備。那隻小狗很高興看到媽媽流露恐懼，更把媽媽擔憂害怕的模樣當成電影來欣賞。

在這部電影中，媽媽必須成為冷靜沉著的主角。當銀幕出現孩子慢慢吃飯的畫面時，只需要冷靜地說出一句：

「你要遲到了。」

接著，就不要再三催四請。不要硬餵孩子吃飯，不要把湯匙往孩子的嘴巴送，包容孩子悠哉的反抗。時間到了，就要孩子放下手中的湯匙，帶他去學校。

「你只吃了一點，一定會肚子餓，但這也沒辦法。等到午餐時間，你就能吃到美味的飯菜了。乖乖上學去吧，媽媽也要上班了。」

當媽媽沒有在對話過程中展現心急如焚的模樣，而且也肯定往後媽媽不會再焦急時，孩子潛意識的欲望就會停止嘗試。最後，肚子餓就會變成本人自己要承擔的事。這時，銀幕中的主角媽媽才總算找回平靜，電影也就此落幕。

並不是只有媽媽會折磨孩子，孩子也有需求和欲望。為了貫徹心中期望的事項，他們會不間斷地進行看不見的反抗。處理這種狀況的明智之舉，就是不要被孩子表面的緩慢行動所控制，而展現這種態度的絕佳辦法，就是靠一句沉著冷靜的話──再讓孩子看一秒影片。

「你、要、遲、到、了。」
（電影 **The End**。）

電影盡早結束為佳。愈是簡短，就愈能澈底展現性急的媽媽的強大威力。

與小學孩子的共鳴對話法

Q. 從情緒上來看，共鳴是很溫暖的字眼，看似簡單，卻又很困難……首先，了解為什麼在與小學孩子對話時需要共鳴似乎比較好。

　　好的。小學時期是屬於倫理意識尚未形成的階段，孩子們正在學習道德標準，所以在判斷多數情況時，都是交給自己的情緒來決定。如果和情緒相吻合，就認為它是對的，如果覺得反感，就會認定它是錯的。換句話說，是把自己和情緒等同視之。

　　這時，如果有人讀懂自己的情緒並給予共鳴，孩子就會認為對方肯定的是自己，而不單純是肯定情緒。再進一步解讀，這個對自己的情緒產生共鳴的人，會令孩子產生信賴感，孩子也會以這份信賴感為基礎，敞開心房。這種狀態就叫做「形成信任關係（rapport）」，而共鳴的對話，會對和孩子形成信任關係造成絕對性的影響。

Q. 與孩子之間形成「信任關係」，無疑是所有父母的期望。孩子信任父母，無論有什麼煩惱都會大方地說出來、和父母對話……這表示要透過共鳴對話，才能形成信任關係，那我想請問老師，要如何做才能進行共鳴對話呢？

我會先從進行共鳴對話的基本心態說起。首先，對話時必須心無旁騖。

Q. 可是其實……不是會碰到爸爸或媽媽很忙碌，必須要處理什麼事情，以至於無法集中對話的情況嗎？該怎麼做才能不分心，專注在對話上呢？

做出果斷的行動後，心思就會跟上腳步。先對身體給出訊號。方法就像這樣。當孩子向爸爸媽媽提出要求，或者打算說出內心話時，就轉過身，蹲下來，和孩子平行對視。假如你正好在看電視，就先用遙控器關掉，背對電視坐著；如果你正在滑手機，就把手機螢幕朝下，注視孩子；如果你正在做菜，就暫時把瓦斯爐的火關掉，轉過身採取聆聽孩子說話的姿態。也就是採取稍微果斷的行動，停下手邊的一切，那麼想法就會集中在孩子身上。光是看到爸爸媽媽有這個舉動，孩子就會感受到情緒被認可了一半。

Q. 您的意思是說，想要進行共鳴對話的父母，必須先以果斷的行動配合孩子所處的位置。好，停下手邊的一切，配合孩子的視線放低身子後，接下來該怎麼做呢？

孩子會開口說某件事，這時就要聆聽內容，觀察孩子的表情。即便只是細微的動作，也不要不當成一回事，接著根據孩子的舉動做出反應就行了。

Q. 觀察表情後做出反應⋯⋯請您再具體說明一下。

假如孩子在說話時漲紅了臉，就先把這件事說出來。

「我的寶貝女兒，臉頰都變得紅通通的呢，原來這件事讓妳很生氣啊！」

說這句話的同時，用雙手輕輕包覆、撫摸孩子的臉頰。

「我們家寒星，眼角一直在發抖，眼淚好像馬上就要流出來了，看來你真的很傷心啊！」

同時，輕輕地摟抱孩子，讓孩子的臉埋進自己懷中。

把孩子的表情視為語言加以確認，同時用身體和行動做出反應。關鍵在於不只是言語，最好同時還要有身體接觸。根據孩子的表情和動作做出身體反應，孩子的身體就會憑直覺感受到，媽媽是站在我這邊的。

Q. 看來進入同理心對話之前，需要先進行一些事前作業呢！停下手邊的工作，觀察孩子的表情，用身體接觸給予回應……接下來呢？

就是無條件包容的態度。這並非指無條件答應孩子提出的一切要求，而是對於孩子的情緒，必須給予全然的包容。

Q. 對情緒給予全然的包容……若是能舉個例，似乎會比較容易了解。

就像在超市時，碰到孩子吵著要媽媽買玩偶的情況，一般都會這麼說：

「家裡不是有很多類似的娃娃了嗎？所以這次就不要買了，妳玩其他娃娃也可以啊，再買的話很浪費。」

站在大人的立場上，這樣的解釋非常合乎邏輯，但站在孩子的立場上，卻會覺得自己的情緒被忽視了，所以就會變本加厲地大吵大鬧。這時，應該先這麼說：

「原來妳真的很想要這個娃娃啊，媽媽可以理解。媽媽小時候看到新娃娃也都好想要……可是怎麼辦呢？家裡有太多類似的娃娃了，妳也知道對不對？」

Q. 可是，通常媽媽這樣說了，小孩還是會繼續耍賴，這時又該怎麼做呢？

只要再以相似的模式提問就行了。

「原來妳真的很想要呀！好希望抱著那個娃娃睡覺喔，感覺一定暖呼呼的……恩惠妳也是這麼想的，對嗎？」

那麼，孩子就會點點頭。接著，媽媽再次直視孩子的雙眼說：

「媽媽也懂妳的心情，可是怎麼辦？今天媽媽不能買給妳，因為不是妳每次想要，就能擁有……。」

Q. 突然覺得好像需要無限的耐心呢！如果是比較乖巧溫順的孩子，應該說到這就夠了，但應該有些孩子會沒完沒了，這時怎麼做呢？

一旦孩子有過藉由耍賴達成願望的經驗，就不會輕易放棄。但即便如此，如果在最後關頭「發怒」或「大聲責罵」，先前的努力就會化為泡沫。這時，應再次對孩子的情緒給予共鳴，並加上「I－Message（以「我訊息」為主詞）」。

Q. 「I－Message」是什麼呢？

　　這是指以自己為主語，說出歸納性的句子。一般人會採用以下非 I－Message 的說話方式。

　　「政旭，你怎麼都講不聽！耍賴是很不好的行為。」

　　這是針對政旭這個對象所歸納出來的句子，也叫做「You－Message（以「你訊息」為主詞）」。相反的，I－Message 會這樣作結。

　　「你一直耍賴，媽媽覺得有點難過。」

　　這不是對政旭，而是對媽媽，也就是歸結在說話者身上的句子。用 I－Message 表現時，會明顯減輕對方覺得自己遭受攻擊的感覺。

Q. 您的意思是，要把共鳴的表現和 I－Message 做連結，但能請您舉個例，進一步說明嗎？

　　就是像這樣說：

　　「看你求媽媽這麼久，看來你真的、真的很想要，但家裡已經很多了，媽媽沒辦法買給你。媽媽都已經解釋了好多次，你還是一直耍賴，媽媽覺得很傷心。」

Q. 老實說，到這個程度，媽媽應該很想去撞牆吧。都已經這樣了，共鳴對話還要持續下去嗎？

很不容易吧？我能體會這種心情，但我想說的是，就連父母都覺得困難了，又能期待有誰和我的孩子進行共鳴對話呢？一開始我也說了，當共鳴對話形成習慣後，和孩子之間就能形成信任關係。那麼，父母和孩子都會感覺到家裡的氣氛有別於昨日，彷彿迎來了全新的世界。

Q. 關於與小學生的共鳴對話，最後再請您說一句。

我前面提及，同理心對話始於停下手邊的工作，轉過頭注視孩子。即便是細微的表情變化也要好好觀察，和孩子有身體接觸，並解讀孩子的情緒。接著，是對情緒給予無條件的包容、I－Message……你可能會想「怎麼那麼複雜？」如果覺得這些步驟太過複雜，那我只想強調一件事。

「請多多關心孩子。」

不是關心孩子的課業，也不是擔憂他的未來，而是關心孩子身邊微不足道的事情。如果不是真正地關心孩子，那不過是徒有形式卻無實心的對話法。爸爸媽媽是否發自內心，孩子馬上就會察覺。希望父母謹記住，共鳴對話的激烈對決，關鍵在於「真正的關心」。

第 7 章

媽媽給予共鳴的話語，
能改變孩子的心

第七話：
無話可說的家人

25

當孩子與死黨的關係
出問題時

我充滿擔憂地問了一句,宋彩媛於是在我耳邊說了悄悄話。

我很喜歡這種耳朵癢癢的感覺,也很喜歡「祕密」這兩個字,

感覺好像真的升上了二年級。

—— 鄭然喆,《心有靈犀的死黨也需要信賴》 ——

放學前，珠雅靠了過來，像是說悄悄話般小聲地說：

「老師！我有了死黨。」

「很棒喔，是誰？」

「明天就知道了，我們約好等一下要去買一樣的自動鉛筆。」

珠雅花了很長的時間觀望要跟哪個女生當死黨，現在她也如願了。她的臉上笑咪咪的，彷彿擁有了全世界，但我可以料想到這種情況無法維持多久。一如往常，死黨也不是時時刻刻都很開心幸福。

孩子們還不懂如何在人際關係中保持適當界線，但他們會透過死黨來學習距離感的重要性。只不過，這個過程會有傷痛伴隨而來。他們會反覆上演爭吵、受傷、憤怒、離別、再次嘗試復合，最後又分道揚鑣的過程。在一旁把這些過程看在眼裡的父母，也同樣需要驚人的內力。大部分的孩子們會被這場艱辛的旅程捲入，在學習到人際關係的界線之前，就面臨破局的危機，並且反覆犯下相同的失誤。

得知孩子有了死黨時，父母就要認知孩子的人際關係出現了足以形成分水嶺的事件，同時保持緊張感。此外，父母也需要擔任睿智的指導角色，避免孩子在第一次建立深入的人際關係中，陷入反覆犯下相同失誤的模式。

得知孩子有了死黨時，第一個反應是恭喜孩子，要他和死黨像幸福的新婚夫妻般甜甜蜜蜜地相處。多數的父母第一個會問是誰，還有會先確認對方是不是品性不佳的孩子。這一刻，孩子就會覺得，和死黨之間的事要對媽媽保密。因此，不要問對方是誰，而要問孩子對方是怎樣的朋友。

　　「媽媽，我有了死黨。」

　　「哎呀，好棒啊～跟好朋友甜甜蜜蜜地黏在一起，一定很好玩。你喜歡那個朋友的哪一點？」

　　「我們很談得來。」

　　「這樣啊，媽媽真好奇他是怎樣的孩子……」

　　「是媽媽不認識的人。」

　　「是誰都沒關係，找個時間一起來家裡玩，開開睡衣派對、吃吃辣炒年糕。」

　　「真的可以嗎？」

　　「當然囉～」

　　媽媽可以用這種方式表達支持，為孩子應援。站在媽媽的立場上，可能會很好奇對方是不是很會讀書、個性好不好，又或者是不是品性不佳的孩子，但若是太早表現出想探聽細節的樣子，反而會造成反效果。相較於詢問關於朋友的

事，更應該集中在孩子目前的狀態和感覺上頭。孩子感到幸福洋溢的第一天，假如媽媽就想要打破砂鍋問到底，孩子就會認為媽媽開始審核自己的朋友，而這很快就會傳達出「媽媽不相信我的選擇」的訊息。反正對方是怎樣的孩子，過幾天就會知道了。

當孩子有了死黨之後，就要每天確認孩子的表情，尤其是觀察孩子傳訊息時的表情，就能馬上知道他和死黨是否維持良好關係，或者相處上出現了什麼問題。當孩子一臉眉飛

色舞時，就要針對傳訊息的時間太長或太晚訂下明確基準；當孩子一臉陰沉時，則先讓他停止傳訊息，並關切狀況。

「英熙啊，妳等一下再傳訊息，先跟媽媽聊一下。」

「不行，現在是緊要關頭，要是這時候缺席，不知道又會有什麼後續發展。」

「先跟媽媽講一下是什麼事，之後再傳也不遲，叫朋友稍微等一下。」

「不行啦……這樣就會插不上話了……」

「如果朋友連幾分鐘都等不了，媽媽就要重新思考一下了。」

「重新思考什麼？」

「怎麼看待妳的死黨……」

每個孩子的情況都不同，但假如面對與死黨的關係時，孩子總是一臉愁容，那從現在開始認真地提問也無妨。從彼此是怎麼變成死黨的契機開始，到先前都玩什麼，還有現在碰到了什麼難題，花時間聆聽孩子傾訴。事情可能比想像中更微不足道，但也可能更嚴重。無論是什麼樣的狀況，都要接納孩子的情緒狀態，先採取全然包容的態度。充分詢問、充分聆聽的時間很重要，不能跳過這個過程，就說出下列這

些話：

「他就是這種人，別跟他來往！」
「原來發生這種事啊，不過你怎麼都沒還擊，你也要報仇啊！」

相較於看到孩子淚眼汪汪的，就跟著心生動搖，告訴孩子應該怎麼做，更好的做法是給孩子時間，盡可能讓他自行做出結論，或者判斷下一步該怎麼做。

「哦～原來發生過這種事啊，媽媽也覺得很難過。嗯……你可能需要好好思考一下以後要怎麼做。趁今天晚上想想看吧，如果覺得難過就哭出來，大聲哭也沒關係。媽媽先暫時離開，記得媽媽永遠都會為你加油。」

假如孩子說會努力維繫關係，那麼允許孩子嘗試幾次也無妨，只不過必須先聽聽孩子打算以何種方式進行。假如孩子選擇不再與對方往來，就要求孩子盡量親口告知對方，並冷靜沉著地告訴他方法。

「我想過了，我們不要再當死黨比較好，之前很謝謝你，我們就當普通的同學吧。」

大部分的死黨關係，都是糊里糊塗地就畫下句點，之後

則維持模糊不清的狀態。指引孩子，把關係的開始與結束明確劃分清楚，就能明顯減少孩子所消耗的心理能量。

有個事項必須留意。在死黨關係中，會形成無數交錯的依附情感，而父母必須洞悉孩子情緒的流動。判斷彼此的依附情感超出界線時，就必須告訴孩子要保持適當距離。此外，不能把前述的過程、對話和所有狀況都混為一談，**萬一發生校園暴力相關事件，這時就必須毫不猶豫地介入**。假如連這種事都交給孩子判斷，無疑是一種規避責任的行為，從孩子的立場上來看，則有損其心理上的安定感。

孩子與死黨之間的關係，雖然開心和睦地相處很重要，但經歷什麼樣的離別過程也同等重要。往後孩子長大和異性相處時，就會套用相同的模式。孩子會抱持過度的依附情感控制對方，或者反過來壓抑自己，受到對方的控制，抑或是彼此維持適當的距離，以尊重和修養相待，取決於此刻孩子與死黨之間的關係。

26

與會說謊的孩子
對話

大家都異口同聲地說：「川普這種人當不了總統。」

可是，川普卻當選了……

難道大家在說謊嗎？

—— 賽斯・史蒂芬斯—大衛德維茲（Seth Stephens-Davidowitz），《數據、謊言

與真相：Google 資料分析師用大數據揭露人們的真面目》[1] ——

1　商周出版。

初次知道孩子對自己說謊時，媽媽感受到莫大的失落感。即便孩子調皮搗蛋、惡作劇、和朋友吵架，做了令媽媽傷心的事，但至少還不曾帶來失落感。即便覺得孩子很頑皮，但至少是個善良的好孩子，想到自己完全被蒙在鼓裡，不免飽受衝擊。

而且，想到剛才吃晚餐時，孩子在媽媽面前說了謊，還泰然自若地嘰嘰喳喳說個不停，同時津津有味地吃著咖哩飯，遭人背叛與厭惡的感覺頓時油然而生。儘管先告訴爸爸之後，狠狠教訓了孩子一頓，可是卻對往後該如何教養孩子感到茫然不已。

我想先跟媽媽說：

「就算說了謊，也不代表他是壞孩子。」

從道德層面來看，孩子是做出了不好的行為，卻不代表心理層面也是壞的。**孩子不過是感到害怕、脆弱，才會選擇說謊這種逃避的舉動罷了。**逃避的心理會以各種形式出現，如暴飲暴食、嗜睡、發怒、誇大、說謊、假裝沒聽到、假裝忘記等，多不勝數，而孩子不過是從眾多選擇中挑選了一種。

反過來說，孩子說謊的舉動，可說是赤裸裸地呈現了潛意識的狀態。因為孩子聽從了潛意識的欲望所低喃的話語：「你現在害怕得發抖，所以最好趕快把自己藏起來。」

掌握孩子說謊的情況後，就有必要暗自思索：

「原來這件事讓俊範很害怕啊。」

「原來善熙很喜歡這個，之前都不能玩，所以很傷心啊！」

「原來廷恩知道自己做錯什麼啊！」

孩子是以至今活了十年的人生經驗得知，媽媽會允許到什麼程度，還有超過哪一條界線時，媽媽就會生氣。正因為知道這條線在哪裡，所以才開始說謊。即便超過警戒線，做錯了事，也應該要誠實地說出來才對，但孩子只是目前少了那份勇氣罷了。

當孩子說謊時，一般會有以下對話：

確認事實 ▶ 追究 ▶ 威脅 ▶ 得到承諾	
確認事實	媽媽：所以，你之前說謊了？ 孩子：對～
追究	媽媽：為什麼要說謊？怎麼可以因為這種事就說謊？你應該要老實說出來啊，爸爸媽媽是這樣教你的嗎？嗯？ 孩子：（沒有說話，接著）對不起。

威脅	媽媽：你再這樣做，到時我就跟爸爸講，你會被修理得很慘。還有，手機無條件沒收，也不給你零用錢了。 孩子：好～
得到承諾	媽媽：你跟媽媽約定，以後再也不說謊。 孩子：好，我以後不會說謊了。

當孩子說謊時，不能一味地確認事實和追究行為。在確認基本事項之後，對話就必須朝著對彼此恢復信賴的方向進行。

過程如下：

確認事實 ▶ 傳達失望的情緒 ▶ 確認孩子的恐懼 ▶ 寬恕 ▶ 恢復信賴關係	
確認事實	媽媽：所以，你之前說謊了？ 孩子：對～
傳達失望的情緒	媽媽：可是，媽媽沒想到我的寶貝女兒會因為這種事情騙媽媽，媽媽覺得好傷心。 孩子：（沒有說話，接著）對不起。
確認孩子的恐懼	媽媽：你怕自己說實話之後，媽媽會生氣嗎？ 孩子：我覺得媽媽以後會不讓我跟英美傳訊息。 媽媽：原來你是怕沒辦法跟朋友一起玩啊！

寬恕	媽媽：媽媽知道你有多想做這件事了，這一次就到此為止，媽媽不會再罵你了。我想你也一定很難受吧？不過下次還是要誠實說出來喔。 孩子：好。
恢復信賴關係	媽媽：跟媽媽做個約定。媽媽會尊重你很珍惜朋友的這件事，從現在開始，也會盡量不干涉你的人際關係。 孩子：我以後也不會再因為朋友說謊了。

得知孩子說謊的事實時，要盡量避免陷入失落感，白白浪費許多時間，這一刻反而可能是恢復信賴的絕佳機會。媽媽可以針對孩子說謊進行管教，但接下來要經歷的不是追根究底，而是恢復信賴的過程，同時把這視為拉近彼此情誼的機會。

我必須再次強調，對小學的孩子來說，說謊並不是不道德的行為，而是展現內心脆弱及逃避的行為，只要給予孩子正視恐懼的機會即可。

27

與有暴力行為的
孩子對話

校園暴力絕對不會消失。

—— 盧允浩，《父母非知道不可的校園暴力》 ——

一旦召開校暴委（韓國校園暴力自治委員會），學校的許多業務就會跟著停擺，說得再具體一些，是教育會中斷。雖然不像司法效力般強大，但召開校暴委的過程本身會伴隨著「程序」。所謂的程序，代表無法根據情況做出彈性改變，而是必須無條件地遵照規定。

但是教育並非如此，它會根據情況增減內容，甚至改變順序。有許多時候，我們必須考慮到教育對象的環境、情況和水平等，唯有如此，才能因材施教。

然而，校暴委的過程並非量身打造型，而是非常制式的，所以班導師進行教育的意圖幾乎被排除在外。要是班導師貿然干預校暴委以外的協商過程，可能會被解讀為替受害者學生或加害者學生說話，而這可能又牽涉到行政和民事訴訟。

換句話說，從召開校暴委的那一刻起，班導師就等於無法從教育的角度上使力。就像法庭上有被告和原告，校園暴力也只有受害者學生和加害者學生而已。發生校園暴力事件時，最令人遺憾的部分莫過於此，最後，校暴委導致班導師和學生的對話中斷。

在家庭中嘗試和有暴力行為的孩子對話時也相同。和具有暴力傾向的孩子對話時，最需要擔憂的部分，就是父母不能扮演和校暴委的委員相同的角色。說得再簡單一些，就是

不能只展現出「調查者」的姿態。那一刻，對話會消失，只剩下緊跟著程序而來的合理措施和懲罰。措施和懲罰無法根除暴力性的問題，根除暴力的方案，要從「正視」不認同暴力的合理性開始。

當孩子出現暴力傾向時，父母會擔心兩件事：我們家的孩子會不會傷害誰，抑或是受害者學生的家人會不會提出過分的賠償或要求。這樣的憂慮會啟動父母的許多防禦機制，包括認為我們家的孩子會有暴力行為必然有其原因，並竭力想找到孩子不得不如此的根據。召開校暴委的過程，就和調查其中是否有自由裁量的可能性類似，當這種合理性和正當性受到認可，就會對如何處置加害者學生造成影響。

「他本來是很乖巧的孩子，是因為那位同學一直捉弄他，最後才會情緒爆發。其實站在我們家孩子的立場上，也覺得很委屈。」

我明白他是個乖孩子，可是持續捉弄他的同學原本也是個乖孩子。一旦我們試圖去尋找暴力行為的源頭，想找到孩子不得不行使暴力的合理原因時，就會頓失方向感。**我們應該從「無論任何理由，暴力都不能被合理化」的起點出發才**

對，唯有如此，我們才能控制深層潛意識想要啟動強力防禦機制的欲望。當孩子出現暴力行為時，他們潛意識的欲望經常會唆使父母去使用這樣的防禦機制，所以父母的眼睛被蒙蔽，結論也停留在「他本來是個乖孩子，是情非得已才使用暴力」，但這不過是陷入自我合理化罷了。所以，一般對話會像這樣：

「你打別人嗎？」

「嗯。」

「為什麼打人家？」

「因為他每次都笑我是胖豬。」

「他說這麼過分的話！一定是個壞孩子，所以你才會不得不出手打他啊。」

「可是老師卻只罵我。」

「是老師沒有掌握整件事的來龍去脈。你先不要擔心，以後找老師商談時，媽媽會跟老師說你是不得不這麼做。不過你也要注意自己的行為，知道嗎？」

「嗯。」

這樣的對話無法阻止暴力。一旦發現有可以打人的理由時，孩子就會再度使用暴力。首先確認暴力的情況，得知是

出自偶然或有意為之，這時就要中止合理化，並需要果斷。

「無論是什麼原因，都無法讓暴力正當化。」

「那我就每次都傻傻地被笑嗎？」

「你跟老師說。」

「說了又能怎麼樣？老師也只會罵個兩句，然後我就變成跟老師打小報告的人。」

「媽媽說了，無論是什麼原因，暴力都無法正當化。嘲笑你是同學不對，但從你打人的那一刻開始，你也做錯事了。假如跟老師說了之後還是不能解決，你就忍到回家跟媽媽說，媽媽會親自去學校一趟，告訴老師說你因為被同學嘲笑有多痛苦。嘲笑也是一種語言暴力，所以媽媽會保護你，但是媽媽絕對不能容忍你為了解決問題而使用身體暴力。到時就算媽媽向老師解釋也沒用。」

多數身體暴力都是情緒造就的結果，是一種報復或發洩憤怒的行為。當媽媽以「孩子不得不憤怒」為由，為孩子的行為撐起防護罩時，或多或少都會為暴力賦予正當性。以暴力表現自己的怒氣，不過是缺乏情緒調節的旁證罷了。

替小學生訂下明確基準時，就會形成自我調節感。

「孩子是情非得已」這種模稜兩可的說法無法改變任何事。父母可以對孩子的憤怒、生氣本身表達共鳴，因為生氣的狀態並不是虛假的。

然而，表示共鳴並不代表允許，這點必須堅決果斷地表態。站在父母的立場上會認為，即便我們家的孩子是加害者，自己也非得站出來保護孩子，無論碰到什麼情況，自己都有保護孩子的責任。這句話並沒有錯，可是這種保護不能是認同身體暴力。父母不僅有保護孩子的責任，也有教育孩子的責任。必須讓孩子清楚地認知，無法容許暴力，代表即便是父母，在暴力面前，他們保護的權限同樣會減弱。這樣的作法，能使我們的孩子在面對潛意識欲望輕聲低喃，誘惑他使用暴力時堅定立場。「暴力」是解決情緒的方案中，最容易讓人深陷其中的誘惑。

「無論任何情況，暴力都是不被允許的。」

這即是與持續使用身體暴力的孩子對話時的核心。一旦試圖尋找高尚的言語包裝，那一刻，防禦機制的合理化就會緊接而來。

28

和情緒憂鬱的孩子對話

這本書想告訴各位的，

是關於悲傷深淵的故事，以及無法溝通的痛苦，

它們經常持續掠奪我們的所有心思，

導致我們失去說話或行動的力氣，

甚至喪失想活下去的欲望。

—— 茱莉亞・克莉斯蒂娃（Julia Kristeva），《黑太陽》。——

有些孩子寡言到令人感到納悶，於是我拿他們可能會感興趣的話題，出其不意地詢問：

「素晶啊，聽說偶像團體 Wanna One 解散了耶，妳有喜歡的成員嗎？」

問到這種問題時，就算再不關心偶像的孩子，也大部分都會簡短地回答：

「我知道。」

接著，我就可以把這個回答當成機會，詢問其他問題，稍微窺探孩子的內心，可是有些孩子就像在頑強抵抗般一聲不吭。他們不是用說話，而是以眼神來制服我。那個眼神所代表的涵義，讓提出問題的我碰了一鼻子灰。孩子們會漠不關心似的從抽屜拿出色紙，或者取出書本，低下頭假裝閱讀，又或者直接走去洗手間。碰到這種狀況，我也束手無策，只能在與學生家長面談時，帶著再次確認的念頭詢問：

「孩子在家時，會經常提起學校的事情嗎？」

這是從形式上去詢問孩子和父母之間會分享日常生活到什麼程度，但更深層的意圖，是間接地詢問孩子是否至少在家時會和父母對話。如果太過單刀直入地詢問，許多學生家長反而不太回答，或者像在打馬虎眼般說出模糊的回答。這是因為他們害怕自家的孩子會被貼上奇怪標籤的緣故，我能理解。問起日常的狀況時，學生家長會回答：「什麼都會

說啊」、「偶爾會說」、「就算問了，孩子也只會一臉不耐煩，不太回應」，聽到這類回答，或是毫不相干的回答時，我就能猜到父母也同樣覺得難以招架。

碰到孩子怎樣都不說話，讓人急得像熱鍋上的螞蟻時，父母通常會表現出兩種立場。

「是因為在學校沒什麼事好說，所以孩子才不說吧！」
「他會不會都憋在心裡，每天獨自苦惱該怎麼辦？」

然而這並不是孩子不說話的全部原因。「寡言的孩子們不說話」，大部分都「沒有為什麼」。

根據情況，孩子確實有可能「沒辦法說出來」。這時前面所說的情況就成了答案。是孩子沒有發生什麼事，或者怕說出來之後會導致情況惡化，所以才獨自苦惱。但很奇怪的是，有些寡言的孩子卻是「沒有為什麼」。要跟這些孩子們對話，要比沒辦法說出苦衷的孩子們更難。至少碰到沒辦法說出苦衷的孩子時，只要問幾個相關的問題，讓他們感到安心，他們就會敞開心房訴說，但要製造讓寡言的孩子說話的理由卻很困難。父母想要對話，孩子卻「只想一個人待著」。必須先經歷縮短距離感的過程，彼此才能慢慢地展開對話。

引言說得太長了，現在就開始進入正題吧。

　　寡言卻「沒有為什麼」的孩子，很可能內心深處藏有憂鬱的情緒。憂鬱可分成輕度和重度，當進入青春期的孩子表現出來的不是反抗行為，而是帶著憂鬱的樣子一個人默默地待著時，這種「沒有為什麼」的程度就不必特別擔憂。只要孩子保有適當的獨處時光，直到他們脫離狀態時，對話就會重新連結。只要給孩子一點時間，耐心等候就行了。

▲그냥：沒有為什麼
　상처：創傷

問題在於有些孩子「沒有為什麼」的程度較為深層，為了打開與他們對話的閘門，需要持續的觀察與洞察。憂鬱不會隨著時間解決，對話也不會自然開啟。我們必須讓孩子擁有開啟對話的勇氣，但是只有身旁有人擔任忠實的觀察者時才可能產生這份勇氣。

只要把憂鬱看作是隱藏傷口的一面厚重假面就行了。雖然處於深層憂鬱中的孩子說「沒有為什麼」，但這句話卻意味著知覺的喪失，就連疼痛都感覺不到。疼痛來自傷口，但如果無法感受到疼痛，也就難以正視傷口。事實上，孩子是因為害怕「正視傷口的過程中會痛到難以承受」才轉而選擇憂鬱。

對於說「沒有為什麼」的孩子追根究底，只會造就孩子的強烈防禦機制需求，認為自己必須堅守「沒有為什麼」這個理由。面對老是碰觸自己的傷口，最終等於將自己拉向痛苦深淵的父母或老師，孩子自然難以接受，況且，假如自己的傷口是受到父母的控制所致，或是因為父母放任不管所引起，孩子就更需要在加害者面前隱藏自己。唯有如此，孩子才能處於「沒有為什麼」的狀態。

他們把「一個人靜靜地待著」當成緩和傷口疼痛與痛苦的麻醉劑，並想盡辦法緊緊抓住這個憂鬱的處方箋，這是抓住最後一根稻草的迫切心情，亦是無聲的痛苦掙扎。

父母費盡心思想讓孩子擺脫這種深層憂鬱，於是為孩子準備驚喜活動、送禮物給孩子，陪孩子一起去看喜劇片，但這些行為本身毫無幫助，反而只讓孩子感受到莫大的違和感。孩子發現自己應該感到開心，卻完全沒有任何喜悅之情，於是更往自我的洞穴深處鑽。

　　與憂鬱的孩子對話，必須從給予「安全感」開始。讓孩子展示自己的傷口，正視傷痛，是最後面才做的事。要是因為太過心急，要求孩子記住傷口，並要求孩子必須戰勝它，那一刻，孩子就會逃得更遠。

　　碰到嚴重憂鬱的孩子時，我不會積極嘗試對話。這即是和憂鬱的孩子對話的基本態度。首先，要給予孩子充分的距離，讓孩子感覺到自己是安全的。不過，當孩子隨時抬起頭時，必須讓他感覺到你會持續關注並守護他。與他們之間的對話，靠的不是言語，而是以給予歸屬感和安全感達成。必須讓孩子有所認知「你不是一個人，而是置身於名為『我們』的籬笆之內」。在這樣的孩子面前，我經常會嘗試喊他們的名字，但不只是喊名字而已，在名字的前面，我會加上「我們」。

　　「我們敏英來學校啦？」
　　「我們政旭吃過飯啦？」

雖然他們不會回答我，但沒關係，只要讓他們知道，有一個人會把他們當成「自己人」就夠了。至少，我會定期反覆地告訴他們：「你不是一個人。」當孩子產生勇氣之後，就會自動自發地來找「自己人」。這時，只要聆聽孩子願意傾訴的故事就行了。雖然你可能會很心急，但進一步的對話交給心理專家會比較好。

承認吧！我們並不是深層心理分析專家，只是普通人而已，不要誤以為自己能靠對話來解決孩子的問題。要是能夠解決，孩子也就不會陷入憂鬱的狀態。這句話聽在父母的耳中，可能會很心痛，卻是鐵錚錚的事實。即便如此，如果想抱持一絲希望，至少我們能給予孩子「歸屬感」。當忙碌的日常退居幕後，準備就寢的時間，也是處於憂鬱中的潛意識欲望跑出來搧風點火，煽動孩子一個人靜靜待著的時刻。這時，務必要喊一聲孩子的名字。

「我們彩恩，要睡得飽飽的，明天見喔！」

小學語言的溫度

Q. 「小學語言的溫度」……這是指孩子們在日常生活中使用的對話嗎？

　　是的，我們特別來談一下小學生在學校與同學們使用的語言。

Q. 突然想請教一個問題呢！老師您認為最近「小學語言的溫度」平均是幾度呢？

　　這是個令人費解的比喻提問。我會這麼回答，最近大韓民國「小學語言的溫度」是「零度」。

Q. 零度嗎？是指很冰冷的意思嗎？

　　沒錯，很冰冷，可是準確地來說，零度是模稜兩可的那

種冰冷，它既不到會澈底凍結的程度，但又不是完全沒有結冰，是一種很模糊的溫度。

Q. 是哪個點模糊呢？

我問個問題來代替回答。最近的孩子經常使用「嚇死寶寶了～」的說法。因為用得太過頻繁，所以這句話在教室中變成了日常用語，甚至身為老師的我，也不自覺地會在與學生談話時使用。這是感到無言或驚慌時會使用的說法，但「嚇死寶寶了」是不是髒話呢？

Q. 它並不是粗暴地攻擊某人的說法，所以不算是「髒話」吧？

是的，沒錯……可是，您認為小學的孩子們可以繼續使用這種語言嗎？

Q. 好像有點模稜兩可呢！

這種模稜兩可的說法還有「牛逼」。覺得某人令人錯愕，同時又覺得他很了不起，但同時又帶著些許嘲諷和欣羨的語氣說：「哇，牛逼喔！」您有什麼感覺？

Q. 雖然不像在罵人，但比起「嚇死寶寶了」的語氣要強一些，所以讓人有些排斥感呢！

　　沒錯，就是這樣，雖然孩子們說的不是髒話，但大人聽起來卻感到不舒服，覺得需要制定某些語言規範。初次聽到「牛逼」時，我以為是髒話，所以把孩子叫過來訓了一頓，告訴他不能這樣罵同學。結果，孩子這樣回我：

　　「老師，這不是髒話耶！我只是很羨慕他才這樣說。」

　　聽到這句話的同學，也在我面前露出一副若無其事的樣子。這時我陷入了苦惱，到底該把這些話當成「同儕之間的語言」，讓它們左耳進、右耳出就好，還是每次都要提醒孩子們。

Q. 所以您怎麼做呢？

　　我帶著這樣的苦惱又多觀察了幾天，接著做出了結論。那是班上在開兒童會議的時候，當時孩子們正在進行主題討論，中途一位學生提出相反意見，並使用了「牛逼」這個說法。可是，等到另一方的同學有發言權時，對那位同學提出了意見，表示「牛逼」是私底下使用的措辭，正式會議場合應該避免使用。

那時我就明白了。在大人眼中，孩子們使用同儕語言時都很自由奔放，但事實上他們懂得區分什麼時候可以說這句話，什麼時候不該說這句話。還有很令人感謝的是，他們在那一刻告訴我基準點在哪裡。只要教育孩子們，在同儕之間講私密話題或用來表現親暱感時無妨，但正式場合或進行團體活動時避免使用就行了。

Q. 可是，從語言規範的層面來看，即便是同儕文化，不是也應該指導孩子們使用更委婉、更普遍的語言嗎？

從原則上來看是沒錯，但是，小學高年級的孩子已經開始自稱「青春期」了，這句話代表他們希望在某種程度上打造屬於自己的領域，並且能在其中不受到任何束縛。還有，他們認為自己的語言算是同儕中很委婉和普遍的了，反而是說話時中規中矩，卻語帶挖苦或情緒時，才更覺得自己遭受攻擊。況且，如果時時刻刻指責孩子的語言，終究只會招來反感，導致他們在班導師看不見的地方創造出更深層的同儕語言。假如孩子們具備自知不能在正式場合使用該語言的自制力，光是這一點，就能與大人之間找到妥協的平衡點。

進行溝通和交流時，相較於全面禁止，留有妥協餘地能發揮更大的力量。實際上，有些老師也會充分運用這種彈性空間。

Q. 要如何充分運用呢？

在我任職的學校中，有位六年級的老師綽號叫做「大熊老師」，他在教室的前門貼上了字條，上頭寫著：「考慮到班上開暖氣，禁止從前門出入。不要當老師是塑膠做的喔！」

Q. 可以理解「禁止從前門出入」這句話，但「不要當老師是塑膠做的喔！」是什麼意思呢？

重點就在這裡，學生們會覺得這句「不要當老師是塑膠做的喔！」很好玩，以後也不會去走前門，對於叫大家不要使用前門的班導師，反而還會倍感親切。

「你當我塑膠喔？」是孩子們用來質問對方「你是在忽視我嗎？」的同儕語言。雖然大人們會覺得很難懂，但這種語言在學校的孩子之間很流行。

Q. 想要和孩子們溝通，反而是我們得先學習他們的語言呢！

想要學習某人的語言，基本上就包含了對那個人的尊重，是一種潛意識在表達「我想多了解你」的說法。身為教

師的我，也不完全了解小學生使用的同儕語言。但即便如此，我也不覺得自己必須時時刻刻聽懂不可。不僅我會有壓力，而且如果每次都追問，孩子們也會覺得很煩，覺得老師是在干涉他們。這時我反而會感到慶幸，因為孩子們有我所不知道的專屬領域，也代表他們正在成長茁壯。只有在教室聽到生疏的語言時，我會就上下文的脈絡去觀察，試著去感受語言。

我認為學生家長也用這種態度去看待就行了，那麼時間久了，就會自然而然地聽懂。

Q. 那麼，我從其他觀點來提問好了。假如不是這種聽起來模糊的說法，而是實際上說出很粗魯的髒話時，那該怎麼辦呢？

這時就必須明確地劃出界線，告訴他不能這樣做，而且也要具體補充說明給他聽。如果只是說「這句話很難聽，所以你不要用」，這樣無法打動孩子的心。必須明確地告訴孩子，髒話和使用拳頭的暴力是相同的。

「那不是語言，是暴力。」

Q. 如果想要進一步避免孩子養成說髒話的習慣，又該怎麼做呢？

習慣這種東西，會在反覆去做時形成。首先，最基本的就是我們大人必須展現出不使用那種語言的榜樣，也需要避免觀看使用暴力語言的電影。最重要的，莫過於不要暴露在那種環境中。為此，許多大人需要在孩子們面前保有教育者的思維。開車時，很容易看到有人脫口說出髒話吧？孩子之所以養成出口成「髒」的習慣，正是因為經常從周圍的人口中聽到的緣故。這並不是靠幾個人教育就能達成的，所有社會成員都需要對此多加留心。

Q. 最後請您為「小學生語言的溫度」做個總結。

柳時閔作家曾在《表現的技巧》如此說道：

「人只有在自己想要改變時，才會改變想法。」

我想把這句話改成這樣：

「小學生只有在自己想要改變時，才會改變想法。」

就算有人強迫孩子中規中矩地說話，孩子的語言溫度也不會變得溫暖。唯有內心同化了，才會改變自己的語言。為此，必須讓孩子受到感動。我希望大人能從自身做起，在日常的語言中使用儘管微不足道，卻很讓人窩心、帶來感動的語言。唯有如此，孩子們也才會想要自行改變語言。衷心盼望，「小學生的語言溫度」能變得溫暖一些。

回函抽獎

掃描 Qrcode，填妥線上回函完整資料，即有機會抽中
大獎——「荷柏園瀉利鹽」乙瓶（市價 700 元）。

★ 中獎名額：共 3 名。

★ 活動日期：即日起～2022 年 02 月 13 日。

★ 公布日期：2022 年 02 月 14 日會以 EMAIL 通知中獎者。
中獎者需於 7 日內用 EMAIL 回覆您的購書憑證照片（訂單截圖
或發票）方能獲得獎品。若超過時間，視同放棄。

★ 一人可抽獎一次。本活動限台灣本島及澎湖、金門、馬祖。

——————— 贈品介紹 ———————

品牌：荷柏園

產品：瀉利鹽

容量：500g／瓶

成分：瀉利鹽

產品用途：舒緩疲勞，淨化身心。

保存方式：存放室溫 30℃以下。

境用方法

取 2～3 湯匙置於浴盆，可加 4～6 滴精油增加效果。

注意事項

不可碰觸眼睛，避免置於兒童可觸及處。

國家圖書館出版品預行編目(CIP)資料

家有小學生之親子溝通手冊：資深小學教師教父母聰明回話，
避免親子衝突，成為孩子的溫暖靠山／金善浩著；簡郁璇翻譯.
-- 初版. -- 新北市：大樹林出版社, 2021.11
　面；　公分. --（育兒經；5）
譯自：초등 엄마 말의 힘
ISBN 978-986-06737-6-0（平裝）

1.親職教育 2.親子溝通 3.親子關係

528.2　　　　　　　　　　　　　110016310

大樹林學院
www.gwclass.com

最新課程 New!
公布於以下官方網站

育兒經 05

家有小學生之親子溝通手冊
資深小學教師教父母聰明回話，避免親子衝突，成為孩子的溫暖靠山
초등 엄마 말의 힘

作　　者／金善浩
翻　　譯／簡郁璇
總 編 輯／彭文富
主　　編／黃懿慧
內文排版／菩薩蠻數位文化有限公司
封面設計／ANCY PI
校　　對／李麗雯、楊心怡
出 版 者／大樹林出版社
營業地址／23357 新北市中和區中山路 2 段 530 號 6 樓之 1
通訊地址／23586 新北市中和區中正路 872 號 6 樓之 2
電　　話／(02) 2222-7270　　　傳　　真／(02) 2222-1270
官　　網／www.gwclass.com
E - m a i l ／notime.chung@msa.hinet.net
Facebook／www.facebook.com/bigtreebook
發 行 人／彭文富
劃撥帳號／18746459　戶名／大樹林出版社
總 經 銷／知遠文化事業有限公司
地　　址／新北市深坑區北深路 3 段 155 巷 25 號 5 樓
電　　話／02-2664-8800　　　傳　　真／02-2664-8801
初　　版／2021年11月

大树林学苑—微信

課程與商品諮詢

大樹林學院 — LINE

Original Title: 초등 엄마 말의 힘
The Power of Mother's Talk for Elementary Students by Kim Sun-ho
Copyright © 2020 Kim Sun-ho　All rights reserved.
Original Korean edition published by Gilbut Publishing Co., Ltd., Seoul, Korea
Traditional Chinese Translation Copyright © 2021 by Big Forest Publishing Co., Ltd.
This Traditional Chinese Language edition published by arranged with Gilbut
Publishing Co., Ltd. through EYA
No part of this publication may be reproduced, stored in a retrieval system, or
transmitted by any
means, electronic, mechanical, photocopying, recording or otherwise, without the
prior permission of the copyright holder.

定價　台幣／380元　港幣／127元　　ISBN／978-986-06737-6-0